Gesamt-, Konzern- und Europäischer Betriebsrat

Einleitung

Unternehmen und Konzerne stehen im Wettbewerb unter einem hohen Konkurrenz- und vermeintlichen Kostendruck. Sie nutzen die vielfältigen Anwendungsmöglichkeiten der Digitalisierung, die die Arbeitswelt in größter Geschwindigkeit und in einer revolutionären Dimension verändert. Je verzweigter ein Unternehmen ist, desto komplexer erscheinen die betrieblichen und überbetrieblichen Zusammenhänge.

Die vorliegende Arbeitshilfe behandelt die gesetzlichen Regelungen für Gesamt-, Konzern- und Europäische Betriebsräte und beschäftigt sich mit den Fragen der Gründung, der Geschäftsführung und der generellen Zusammenarbeit der verschiedenen Arbeitnehmervertretungen innerhalb der unterschiedlichen Mitbestimmungstatbestände. Sie erklärt, welche Rechte und Pflichten die Arbeitnehmervertretungen der unterschiedlichen Unternehmens- und Konzernebenen in Deutschland und Europa zu beachten haben. Die Arbeitshilfe zeigt zudem vermeidbare juristische Risiken bei der Interessensvertretung auf und identifiziert die komplexeren Sachverhalte, die in jedem Fall einer genaueren Prüfung bedürfen.

Betriebsräte müssen sich darüber im Klaren sein: Arbeitgeber gehen für sie wichtige Veränderungsprozesse nicht zufällig an, sondern planvoll und mit einer ständig verfügbaren juristischen und betriebswirtschaftlichen Beratung, die ausschließlich die Interessen des Arbeitgebers im Blick hat. Betriebsräte beeinflussen durch ihr Verhandlungsgeschick maßgeblich die Lebens- und Arbeitswirklichkeit ihrer Kolleginnen und Kollegen. Arbeitnehmervertretungen müssen dieser sehr großen Verantwortung gerecht werden und ihre Gestaltungsmöglichkeiten und Rechte vollumfänglich nutzen, denn es ist nicht zu erwarten, dass die Arbeitgeber bei Veränderungsprozessen von sich aus einen mildtätigen Ansatz verfolgen werden.

Es versteht sich von selbst, dass die Nutzung von männlichen oder weiblichen Anredeformen ausschließlich der besseren Lesbarkeit des Textes dient.

Die Autorin

Susanne Schaperdot

Partnerin der Kanzlei LNS PartG Rechtsanwälte und Fachanwälte für Arbeitsrecht, Massenbergstraße 15–17 in Bochum und dort verantwortlich für die Beratung von Betriebs-, Gesamt- und Konzernbetriebsräten in allen Fragen der betrieblichen, unternehmerischen und gesellschaftsrechtlichen Veränderungsprozesse und als Sachverständige für den EBR. Die Kanzlei ist ausschließlich auf Seiten der Interessensvertretungen und Betriebsräte tätig und ist bereits mehrfach im Bereich Arbeitsrecht als „besonders empfohlene Kanzlei“ in Deutschland ausgezeichnet. Susanne Schaperdot setzt erfolgreich als Rechtsanwältin und Fachanwältin für Arbeitsrecht die Interessen ihrer Mandanten in Verhandlungen, Betriebsvereinbarungen, Interessenausgleichen und Sozialplänen durch. Sie ist deutschlandweit tätig. Darüber hinaus ist sie seit über 20 Jahren freie Dozentin für das kollektive Arbeitsrecht für verschiedene Akademien und Institute und Fachautorin.

Kontakt: susanne.schaperdot@anwaelte-LNS.de oder 0234–913 880 oder 0163–795048

Inhaltsübersicht

Der Inhalt der 2. Auflage entspricht dem Inhalt der Online-Edition 25/2021

www.betriebsrat-plus.beck.de
www.vahlen.de

ISBN 978 3 8006 6648 5

Wilhelmstraße 9, 80801 München
Druck und Bindung: Himmer GmbH
Steinerne Furt 95, 86167 Augsburg

Redaktion: Claudia Schöberl, M. A., Verlag Franz Vahlen GmbH, München

Satz: Druckerei C.H.Beck, Nördlingen

Umschlaggestaltung: Martina Busch, Grafikdesign, Homburg Saar

vahlen.de/nachhaltig

Gedruckt auf säurefreiem, alterungsbeständigem Papier
(hergestellt aus chlorfrei gebleichtem Zellstoff)

I. Errichtung, Geschäftsführung und Beschlussfassung des Gesamtbetriebsrats

Der Gesamtbetriebsrat (GBR) besteht aus den einzelnen Betriebsräten des Unternehmens. Der GBR ist originär zuständig für die Behandlung von Angelegenheiten, die das Gesamtunternehmen oder mehrere Betriebe betreffen und nicht durch die einzelnen Betriebsräte innerhalb ihrer Betriebe geregelt werden können. Sind die gesetzlichen Voraussetzungen erfüllt, muss ein GBR errichtet werden. Neben den Voraussetzungen zur GBR-Gründung werden die Regeln für die Sitzungen und Beschlüsse des GBR, die Bildung der Pflichtausschüsse und die Rechte und Pflichten der Mitglieder sowie des Vorsitzenden des GBR dargestellt.

1. Unter welchen Voraussetzungen wird ein GBR gegründet?

Bestehen in einem Unternehmen mit mehreren Betrieben mindestens zwei Betriebsräte, ist ein GBR zu bilden. Zu unterscheiden ist dabei der Begriff des „Unternehmens“ von dem des „Betriebs“.

2. Was bedeutet der Begriff „Unternehmen“?

Das Unternehmen ist die organisatorische Einheit, die einen wirtschaftlichen oder ideellen Zweck verfolgt. Vereinfacht ausgedrückt, meint der Begriff „Unternehmen“ den Arbeitgeber. Nach seiner jeweiligen Rechtsform handelt es sich also um eine natürliche oder juristische Person (zB AG, GmbH) oder eine rechtsfähige Personengesellschaft (zB KG).

3. Was ist ein „Betrieb“?

Nach ständiger Rechtsprechung des BAG ist ein „Betrieb“ im Sinne des BetrVG die organisatorische Einheit, innerhalb derer der Arbeitgeber zusammen mit den von ihm beschäftigten Arbeitnehmern bestimmte arbeitstechnische Zwecke fortgesetzt verfolgt. Dabei ist vor allem das Vorhandensein einer Leitung maßgeblich, die im weiteren Sinne am Standort die Arbeitgeberfunktion gegenüber den Arbeitnehmern ausfüllt.

4. Muss jeder örtliche Betriebsrat einen GBR errichten?

Nein, nur wenn das Unternehmen (zB GmbH) über mehrere Betriebe (zB mehrere Filialen) verfügt und in diesen Betrieben mindestens zwei Betriebsräte gewählt wurden, ist ein GBR zu errichten.

Gibt es im Unternehmen zwar mehrere Betriebe, in denen aber nur ein Betriebsrat gewählt wurde, kann kein GBR errichtet werden.

Praxistipp

Die Errichtung eines GBR ist zwingend vorgeschrieben. Es handelt sich bei § 47 Abs. 1 BetrVG um eine sog. Muss-Vorschrift (Fitting BetrVG § 47 Rn. 7). Unterlassen Betriebsräte beharrlich die Bildung eines GBR, handelt es sich um eine grobe Pflichtverletzung, so dass ein Amtsenthebungsverfahren nach § 23 Abs. 1 BetrVG die Folge sein kann (BAG 23.9.1980 – 6 ABR 8/78).

5. Kann auch ein unternehmensweiter Betriebsrat gewählt werden?

Ja, aber nur unter sehr engen gesetzlichen Grenzen. Nach § 3 Abs. 1 Nr. 1 BetrVG kann ein unternehmensweiter Betriebsrat gewählt werden, obwohl es mehrere Betriebe im Sinne des BetrVG im Unternehmen gibt, wenn ein solcher Tarifvertrag (TV) besteht. Auch können mehrere Betriebe für die Betriebsratswahl zusammengefasst werden, sofern eine tarifvertragliche Regelung besteht.

Mithilfe eines TV können zudem sog. Spartenbetriebsräte errichtet, sog. Arbeitsgemeinschaften für die unternehmensübergreifende Zusammenarbeit von Arbeitnehmervertretungen aufgestellt und weitere zusätzliche betriebsverfassungsrechtliche Vertretungen der Arbeitnehmer geschaffen werden.

Praxistipp

GBR und Gewerkschaft sollten nur nach gründlicher juristischer Prüfung einen entspr. TV initiieren, denn er birgt große Risiken. Bei Nichtvorliegen der rechtlichen Voraussetzungen können die darauf aufbauenden Betriebsratswahlen angefochten werden und/oder abgeschlossene Betriebsvereinbarungen des tarifvertraglich falsch gebildeten Gremiums unwirksam sein.

6. Ist dazu immer ein TV notwendig?

Nein, nicht in jedem Fall. Besteht keine tarifliche Regelung und gilt auch kein anderer TV, können mithilfe einer Betriebsvereinbarung Regelungen getroffen werden zur Gründung eines unternehmenseinheitlichen Betriebsrats oder eines Spartenbetriebsrats, zur Zusammenfassung von mehreren Betrieben, für die Bildung von Arbeitsgemeinschaften oder zusätzlicher betriebsverfassungsrechtlicher Vertretungen der Arbeitnehmer.

7. Ist eine solche Betriebsvereinbarung erzwingbar?

Nein, es handelt sich um eine sog. freiwillige Betriebsvereinbarung nach § 88 BetrVG. Sie kann weder erzwungen werden, noch besteht eine Nachwirkungsmöglichkeit. Sie endet immer zum Ablauf der regelmäßigen Amtszeit der Arbeitnehmervertretungen. Zuständig für den Abschluss ist regelmäßig der GBR. Nach Rechtsprechung des BAG haben die örtlichen Betriebsräte dagegen kein Vetorecht (BAG 24.4.2013 – 7 ABR 71/11).

Praxistipp

Aufgrund der hohen Risiken sollten Betriebsräte und GBRe nur nach sorgfältiger rechtlicher Beratung sowie nach Abwägung sämtlicher Risiken sich dazu entschließen. Oftmals besteht dahinter der Wunsch, auch Arbeitnehmer der betriebsratslosen Betriebe zu vertreten oder die Durchschlagskraft der kleinen Gremien und Einzelbetriebsräte zu erhöhen. Diese Motive können jedoch auch anders erreicht werden, so durch Delegationsbeschlüsse (→ Frage 72: Was ist unter der sog. „Zuständigkeit kraft Auftrags" zu verstehen? ff.), Durchführung von Betriebsratswahlen (→ Frage 88: Können Arbeitnehmer eines betriebsratslosen Betriebs den GBR beauftragen?) oder auch Kommunikationsschulungen.

8. Gibt es eine Höchstgrenze für die Mitgliederstärke des GBR?

Nein, gehören aber dem GBR mehr als 40 Mitglieder an und gibt es dazu keine tarifvertragliche Regelung, so ist zwischen dem GBR und dem Arbeitgeber eine Gesamtbetriebsvereinbarung (GBV) über die Mitgliederanzahl des GBR abzuschließen (so § 47 Abs. 5 BetrVG). Diese Regelung muss im Übrigen nicht eine geringere Mitgliederstärke als 40 GBR-Mitglieder vorsehen. Die GBV kann zB festlegen, dass Betriebsräte mehrerer Betriebe, die regional oder durch gleichartige Interessen miteinander verbunden sind, gemeinsam Mitglieder in den GBR entsenden können, sog. GBR-Delegierte. Es kann auch die Berechnung für die Anzahl der zu entsendenden Mitglieder verändert werden.

Praxistipp

Ein zahlenmäßig starker GBR sollte zunächst abwarten, ob der Arbeitgeber überhaupt ein Interesse an der Veränderung der Mitgliederstärke des GBR hat. Entscheiden sich die Unternehmensparteien für regionale GBR-Delegierte, müssen für die Vor- und Nachbereitung von GBR-Sitzungen sog. Regionalkonferenzen stattfinden, in denen die Delegierten und die sie entsendenden Betriebsräte zusammenkommen, beraten und sich gegenseitig informieren.

9. Kann der GBR bestimmenden Einfluss auf den Betriebsrat nehmen?

Nein, der GBR ist den einzelnen Betriebsräten nicht übergeordnet. Die Betriebsräte agieren selbständig und ohne Vorgaben oder Weisungen des GBR auf betrieblicher Ebene innerhalb ihrer Zuständigkeit. Das BetrVG sieht den Schwerpunkt der Mitbestimmung grundsätzlich auf Betriebsebene und geht von einer ersten Zuständigkeit der örtlichen Betriebsräte aus. Aus diesem Grunde ist auch die Zuständigkeit des örtlichen Betriebsrats im BetrVG nicht definiert.

Praxistipp

Gibt es zwischen GBR und Betriebsrat Differenzen über die originäre Zuständigkeit, liegen die Gründe oft nicht im juristischen, sondern an politischen oder sozialen Erwägungen. Hier sollten die Gremien gemeinsam klären, welche gegenseitigen Befürchtungen bestehen und auf welcher Weise berechtigte Befürchtungen ausgeschlossen werden können. Arbeitnehmervertretungen sind nur mit einem solidarischen Ansatz dauerhaft erfolgreich.

10. Hat der GBR eine Amtszeit?

Nein, der GBR ist grundsätzlich eine sog. Dauereinrichtung. Er hat also keine Amtszeit und besteht über die Wahlperioden der einzelnen Betriebsräte hinaus.

11. Kann ein GBR gleichwohl „enden"?

Ja, aber nur, wenn in dem Unternehmen dauerhaft keine zwei Betriebsräte mehr bestehen. Dabei ist selbst eine mehrmonatige, zeitweise Betriebsratslosigkeit im zweiten Betrieb unschädlich (BAG 15.10.2014 – 7 ABR 53/12).

12. Ist die Errichtung oder der Weiterbestand eines GBR freiwillig?

Nein, die Errichtung eines GBR liegt nicht im Ermessen der Betriebsräte. Die Errichtung ist eine Pflichtaufgabe für alle Betriebsräte im Unternehmen, die die Betriebsräte durch die Entsendung der jeweils richtigen Anzahl von GBR-Mitgliedern aus ihrem Gremium erfüllen.

Praxistipp

Ein GBR-Beschluss für die Auflösung des GBR ist nicht zulässig, auch ein gemeinsamer Rücktritt aller GBR-Mitglieder führt nicht zum Wegfall des GBR, sondern nur zur Beendigung der Einzelmandate im GBR. Die Betriebsräte wären in einem solchen Fall verpflichtet, umgehend neue Mitglieder zu entsenden.

13. Wie erfolgt die erstmalige Konstituierung eines GBR?

Der GBR ist errichtet, wenn der GBR-Vorsitzende und sein Stellvertreter in der sog. konstituierenden Sitzung gewählt sind. Der GBR besteht über die Wahlperiode der einzelnen Betriebsräte hinaus fort.

14. Wie wird man Mitglied des GBR?

Die Mitgliedschaft im GBR erfolgt durch einen Beschluss zur Entsendung von Mitgliedern aus den einzelnen Betriebsräten. Besteht der Betriebsrat aus mindestens fünf Betriebsratsmitgliedern, entsendet er zwei Mitglieder, ansonsten nur ein Mitglied (vgl. § 47 Abs. 1 S. 1 BetrVG).

15. Wie wird der Entsendungsbeschluss gefasst?

Die Entsendung erfolgt durch Beschluss des Betriebsrats mit einfacher Stimmenmehrheit. Der Entsendungsbeschluss kann nicht durch den Betriebsausschuss gefasst werden. Für die Wahl zur Entsendung von zwei Mitgliedern müssen zwei gesonderte Beschlüsse gefasst werden, ein einheitlicher Wahlvorgang ist fehlerhaft. Zudem muss in weiteren Beschlüssen für jedes entsandte Betriebsratsmitglied mindestens ein Ersatzmitglied und ggf. deren Reihenfolge gewählt werden (so § 47 Abs. 3 BetrVG). Die getrennten Abstimmungen müssen aus dem Sitzungsprotokoll eindeutig hervorgehen. Anschließend teilt der örtliche Betriebsrat dem GBR die entsendeten Mitglieder und deren jeweilige Ersatzmitglieder mit.

→ *Muster 1: Entsendebeschluss*

→ *Muster 10: Empfohlener Inhalt des ersten Schreibens des Betriebsrats an den Gesamtbetriebsrat*

Praxistipp

Die Geschlechterparität nach § 47 Abs. 2 S. 2 BetrVG ist für die Entsendung von Mitgliedern in den GBR eine Sollvorschrift. Für die tatsächliche Durchsetzung der Gleichstellung der Geschlechter im Unternehmen kommt dem GBR eine Vorbildfunktion zu. Daher sollten alle Geschlechter angemessen berücksichtigt werden, dh sind zwei Personen zu entsenden, ist die Entsendung von einer Frau und einem Mann fast zwangsläufig.

16. Wie erfolgt die Konstituierung des GBR?

Liegen die Voraussetzung für die Errichtung eines GBR vor, so ist der Betriebsrat am Sitz der Hauptverwaltung des Unternehmens nach § 51 Abs. 2 BetrVG verpflichtet, zu der Wahl des Vorsitzenden und des Stellvertreters des GBR einzuladen. Unerheblich ist, ob die Hauptverwaltung einen eigenen Betriebsrat hat, sondern nur, welcher Betriebsrat für die Arbeitnehmer der Hauptverwaltung zuständig ist.

17. Was ist, wenn es keinen Betriebsrat an der Hauptverwaltung gibt?

Dann lädt der nach der Zahl der wahlberechtigten Arbeitnehmer größte Betriebsrat die anderen Betriebsräte zu der konstituierenden Sitzung des GBR ein (so § 51 Abs. 2 BetrVG). Für diese Feststellung sind die Eintragungen in den jeweiligen Wählerlisten bei den letzten Betriebsratswahlen maßgeblich.

18. Was, wenn auch dieser Betriebsrat nicht einlädt?

In diesem Fall können die von den Betriebsräten entsandten Mitglieder von sich aus zusammentreten und die Wahl des Vorsitzenden und des Stellvertreters durchführen (so BAG 15.10.2014 – 7 ABR 53/12). Allerdings können keine anderen Beschlüsse als die Wahl auf dieser ersten Sitzung mangels wirksamer Einladung gefasst werden. Der neu gewählte Vorsitzende hat im Weiteren die Mitglieder des GBR zu den Sitzungen rechtzeitig unter Mitteilung der Tagesordnung zu laden (§ 29 Abs. 2–4 BetrVG).

Praxistipp

Für die Einladung zur konstituierenden Sitzung hat das BetrVG eine gesetzliche Reihenfolge der Einladungsverpflichtung aufgestellt. Unabhängig davon sollten die Betriebsräte vor der Konstituierung Kontakt zueinander aufnehmen, um sich kennenzulernen. Diese vorbereitenden Gespräche sind stets „erforderliche" Betriebsratsarbeit. Sind damit Dienstreisen verbunden, müssen auch voll freigestellte Betriebsräte sich für diese Dienstreisen bei ihrem Arbeitgeber abmelden nach §§ 37 Abs. 2, 30 BetrVG.

→ *Muster 2: Einladung zur konstituierenden Sitzung des GBR*

19. Wie erfolgt die Wahl zum Vorsitzenden und seinem Stellvertreter?

Der Vorsitzende und sein Stellvertreter werden nach §§ 26 Abs. 1, 51 Abs. 1 BetrVG von den Mitgliedern des GBR aus ihrer Mitte in getrennten Wahlgängen gewählt. Erforderlich sind ein beschlussfähiger GBR und die einfache Stimmenmehrheit der anwesenden GBR-Mitglieder.

Praxistipp

Die konstituierende Sitzung des GBR leitet nach § 51 Abs. 2 S. 2 BetrVG der Vorsitzende des einladenden Betriebsrats, bis der GBR einen Wahlleiter aus seiner Mitte gewählt hat. Dann übernimmt der Wahlleiter die Wahl und leitet die Wahl zum Vorsitzenden und dessen Stellvertreter. Anschließend übernimmt der GBR-Vorsitzende die Sitzungsleitung.

20. Endet die Amtszeit des GBR-Vorsitzenden mit der seines örtlichen Betriebsrats?

Ja, ausnahmslos. Endet die Mitgliedschaft in den örtlichen Betriebsräten, endet auch die Mitgliedschaft im GBR. Daran ändert sich auch nichts, wenn der bisherige GBR-Vorsitzende und sein Stellvertreter wiedergewählt und von ihren Betriebsräten erneut als GBR-Mitglieder in den GBR entsandt werden. Der GBR kann die Vorsitzenden jederzeit durch Mehrheitsbeschluss abberufen. Der Vorsitzende und der Stellvertreter können ihre Ämter jederzeit niederlegen.

Praxistipp

Der GBR sollte die genauen Daten der Amtszeit nach § 21 BetrVG und die Stimmengewichtung der einzelnen Betriebe kennen. Dies ist auch wichtig für den Bestand des Wirtschaftsausschusses (→ Frage 91: Welche Amtszeit hat der Wirtschaftsausschuss?) und für die Rolle des GBR als „Feuerwehr" bei der Betriebsratswahl örtlicher Betriebsräte, die 8 Wochen vor der Wahl noch keinen Wahlvorstand gebildet haben (→ Frage 88: Können Arbeitnehmer eines betriebsratslosen Betriebs den GBR beauftragen?).

21. Welche Aufgaben hat der GBR-Vorsitzende?

Der GBR-Vorsitzende vertritt den GBR im Rahmen der gefassten Beschlüsse (so §§ 51 Abs. 1 S. 1, 26 Abs. 1 S. 1. BetrVG). Nur ihm gegenüber sind Erklärungen für den GBR abzugeben. Er ist gesetztes Mitglied im Gesamtbetriebsausschuss (GBA) (→ *Frage 35: Muss ein Gesamtbetriebsausschuss (GBA) gebildet werden?*). Er beruft die Sitzungen ein und legt die Tagesordnung unter Berücksichtigung eventuell eingegangener Anträge fest, leitet die GBR-Sitzungen und unterzeichnet das Sitzungsprotokoll (§ 29 Abs. 2–4 BetrVG). Er leitet die Betriebsräteversammlung (→ *Frage 47: Was ist eine Betriebsräteversammlung?*), nimmt an den Sitzungen der Gesamt-Jugend- und Auszubildendenvertretung (GJAV) (→ *Frage 49: Wer hat noch ein Teilnahmerecht?*) teil und kann aufgrund eines ihn legitimierenden GBR-Beschlusses weitere Arbeitsaufträge und Aufgaben erhalten, häufig das Einholen von Auskünften und Informationen.

Praxistipp

Die persönliche Mitgliedschaft des Vorsitzenden und seines Stellvertreters in der zuständigen Gewerkschaft sind hilfreich und empfehlenswert. Die Gewerkschaft organisiert zB regelmäßig gemeinsame Veranstaltungen mit anderen Vorsitzenden und deren Stellvertretern und vernetzt die Arbeitnehmervertreter innerhalb ihrer jeweiligen Branchen.

22. Wie fasst der GBR wirksame Beschlüsse?

Weitestgehend so, wie der Betriebsrat wirksame Beschlüsse erzielt. Der GBR-Vorsitzende muss alle formalen Voraussetzung einer ordentlichen Einladung nach § 29 BetrVG erfüllen. Auf der GBR-Sitzung müssen die Beschlussfähigkeit und die erforderliche Stimmenmehrheit für jeden einzelnen Beschluss vorliegen.

23. Gibt es für die Einladung zur GBR-Sitzung Besonderheiten?

Nein, in § 51 Abs. 2 S. 3 BetrVG erfolgt eine sog. Generalverweisung auf die Vorschriften zur Einberufung von Sitzungen nach § 29 Abs. 2–4 BetrVG. Beschlüsse erfolgen grds. in Sitzungen des GBR, derzeit gibt es eine Corona-bedingte Ausnahme (→ *Betriebsratsarbeit in Zeiten von Corona / Frage 124: Können Betriebsratssitzungen wie gehabt stattfinden?* ff.).

24. Wie lädt der GBR-Vorsitzende zur Sitzung ein?

Alle entsandten GBR-Mitglieder, GJAV und Gesamt-Schwerbehindertenvertretung (Gesamt-SBV) sowie ggf. die Gewerkschaften werden rechtzeitig eingeladen, ihnen werden Ort und Zeitpunkt der jeweiligen Sitzung mitgeteilt und die Tagesordnung bekannt gegeben. Dabei können Ladung und Übersendung der Tagesordnung auch getrennt erfolgen. Ist ein GBR-Mitglied verhindert, so muss der GBR-Vorsitzende, sobald er von der Verhinderung erfährt, das richtige Ersatzmitglied laden. Es ist die Pflicht des GBR-Mitglieds, dem GBR-Vorsitzenden gegenüber seine Verhinderung bekanntzugeben. In der Praxis leitet das verhinderte GBR-Mitglied die bereits erhaltene Einladung mit der Tagesordnung an das Ersatzmitglied weiter.

Praxistipp

Der Betriebsrat sollte bei der Entsendung seiner GBR-Mitglieder darauf achten, nur Personen auszuwählen, die zuverlässig an den GBR-Sitzungen teilzunehmen werden. Die Mitgliedschaft im GBR ist mit Reisetätigkeiten und Abwesenheitszeiten vom Heimatstandort, teilweise auch über Nacht, verbunden. Die Belange der Arbeitnehmer des Betriebes werden nur durch eine verlässliche Teilnahme der GBR-Mitglieder vertreten.

25. Welche Rechte und Pflichten hat die Gesamt-SBV?

Die Gesamt-Schwerbehindertenvertretung (Gesamt-SBV) konstituiert sich nach § 180 Abs. 1 SGB IX. Sie hat nach § 52 BetrVG das Recht, an allen Sitzungen des GBR und dessen Ausschüssen, einschließlich des Wirtschaftsausschusses, beratend teilzunehmen. Sie kann Angelegenheiten, die einzelne oder schwerbehinderte Menschen besonders betreffen, auf die Tagesordnung der nächsten GBR-Sitzung setzen lassen. Sie kann Beschlüsse des GBR aussetzen, sofern aus ihrer Sicht ein Beschluss des GBR wichtige Interessen schwerbehinderter Menschen beeinträchtigen würde oder die Gesamt-SBV nicht beteiligt worden ist (§§ 180 Abs. 7, 178 Abs. 4 SGB IX).

26. Welche Rechte und Pflichten hat die GJAV?

Ein Vertreter der Gesamt-Jugend- und Auszubildendenvertretung (GJAV) hat stets ein Teilnahmerecht an allen GBR-Sitzungen. Es können alle GJAV-Mitgliedern an einer GBR-Sitzung teilnehmen, wenn Angelegenheiten behandelt werden, die die von ihnen vertretenen jüngeren Arbeitnehmer besonders betreffen. Ggf. können sogar alle GJAV-Mitglieder an der Abstimmung teilnehmen, wenn die jüngeren Arbeitnehmer überwiegend von der entsprechenden Maßnahme betroffen sind, für die Gewichtung der Stimmen der GJAV (→ *Frage 33: Sind die Stimmen der GJAV bei Beschlüssen mitzuzählen?*). Auch die GJAV hat ein Recht auf zeitweise Aussetzung von Beschlüssen des GBR (vgl. § 66 BetrVG). Die GJAV muss ihre Sitzungen im Einvernehmen mit dem GBR abhalten. An ihren Sitzungen kann der Vorsitzende des GBR oder ein anderes beauftragtes Mitglied des GBR teilnehmen.

27. Gibt es einen festen Sitzungsort und wie häufig tagt der GBR?

Nein, Sitzungen des GBR müssen nicht am Sitz der Hauptverwaltung durchgeführt werden, dies ist jedoch oft zweckmäßig, da der GBR Gesprächs- und Verhandlungspartner der Unternehmensführung ist. Den Sitzungsturnus bestimmt der GBR im Übrigen nach pflichtgemäßem Ermessen.

Praxistipp

GBR-Mitglieder haben oft eine Vielzahl von Terminen und die Betriebe liegen oft räumlich weit auseinander. Feste Termine und die gegenseitige Rücksicht auf wiederkehrende Termine der örtlichen Betriebsräte sorgen für eine breite Akzeptanz, vor allem wenn Termine weit im Voraus zeitlich und örtlich geplant und idealerweise gemeinsam beschlossen werden. Außerordentliche Sitzungen sind bei Bedarf jederzeit möglich.

28. Gibt es für die Beschlussfassung des GBR Besonderheiten?

Ja, für die Beschlussfassung gibt es die Besonderheit der zweistufigen Prüfung der Beschlussfähigkeit in § 51 Abs. 3. S. 3 BetrVG (→ *Frage 33: Sind die Stimmen der GJAV bei Beschlüssen mitzuzählen?*). Ansonsten müssen Beschlüsse mit der Mehrheit der Stimmen der anwesenden Mitglieder gefasst werden, es sei denn, das Gesetz bestimmt etwas anderes. Bei Stimmengleichheit ist ein Antrag abgelehnt. Für die Feststellung der Stimmenmehrheit ist die Stimmengewichtung der GBR-Mitglieder maßgeblich (→ *Frage 30: Wie ist die Stimmengewichtung im GBR?*).

29. Wann bedarf der Beschluss des GBR der sog. absoluten Mehrheit?

Nur wenn dies im Gesetz vorgesehen ist. Für die nachfolgende Angelegenheit bedarf es der Zustimmung von mehr als der Hälfte der abzugebenden Stimmen im GBR:

- bei der Übertragung von Aufgaben zur selbständigen Erledigung auf den GBA (→ *Frage 41: Was ist bei der Bildung von Ausschüssen zu beachten?*) sowie auf andere Ausschüsse oder einzelne Mitglieder nach § 51 Abs. 1 S. 1 iVm §§ 27 Abs. 2, 28 BetrVG,
- bei der Konstituierung einer Geschäftsordnung nach § 51 Abs. 1 iVm § 36 BetrVG (→ *Frage 46: Kann sich der GBR eine Geschäftsordnung geben?*),
- bei der Beauftragung des KBR mit der Wahrnehmung einer Angelegenheit für den GBR nach § 58 Abs. 2 BetrVG (→ *Frage 110: Ist die Zuständigkeit vergleichbar mit der des GBR?*),
- bei der Übertragung der Aufgaben des Wirtschaftsausschusses nach § 107 Abs. 3 BetrVG oder auf einen anderen Ausschuss des GBR (→ *Frage 41: Was ist bei der Bildung von Ausschüssen zu beachten?*).

30. Wie ist die Stimmengewichtung im GBR?

Jedes Mitglied des GBR hat so viele Stimmen, wie in dem Betrieb, in dem es gewählt wurde, wahlberechtigte Arbeitnehmer in der Wählerliste eingetragen sind (so § 47 Abs. 7–9 BetrVG). Entsendet der Betriebsrat mehrere Mitglieder, so stehen ihnen die Stimmen anteilig zu. Gibt es einen TV oder eine Betriebsvereinbarung hinsichtlich der Mitgliederstärke des GBR (→ *Frage 5: Kann auch ein unternehmensweiter Betriebsrat gewählt werden?*), verändert sich damit auch das Stimmengewicht des einzelnen GBR-Mitglieds. Die Stimmen können nicht gesplittet werden.

31. Was gilt bei Mitgliedern aus einem Gemeinschaftsbetrieb nach § 1 Abs. 2 BetrVG?

Ein GBR-Mitglied, das aus einem gemeinsamen Betrieb mehrerer Unternehmen nach § 1 Abs. 2 BetrVG (sog. Gemeinschaftsbetrieb) entsendet wurde, hat so viele Stimmen, wie in dem

Gemeinschaftsbetrieb wahlberechtigte Arbeitnehmer in der Wählerliste eingetragen sind. Es zählen dabei auch die Stimmen der Arbeitnehmer mit, die bei einem anderen Vertragsunternehmer angestellt sind. Der Betriebsrat des gemeinsamen Betriebs mehrerer Unternehmen entsendet in jeden Unternehmens-Gesamtbetriebsrat entsprechende Mitglieder. Es ist zwar sachdienlich, jedoch nicht zwingend vorgeschrieben, dass ein GBR-Mitglied auch Vertragsarbeitnehmer des Unternehmens sein muss.

32. Wann ist der GBR beschlussfähig?

Der GBR ist nach § 51 Abs. 3 S. 3 BetrVG beschlussfähig, wenn mindestens die Hälfte seiner Mitglieder an der Beschlussfassung nach Köpfen teilnimmt und diese Teilnehmer mindestens die Hälfte aller Stimmen im GBR vertreten. Dabei ist eine Stellvertretung durch Ersatzmitglieder zulässig. Es müssen also mindestens die Hälfte der gesetzlichen Mitglieder des GBR anwesend sein und zusätzlich diese Mitglieder mindestens die Hälfte aller Stimmen vertreten.

Praxistipp

Die vorgefertigte Anwesenheitsliste für die GBR-Sitzung sollte die teilnehmenden GBR-Mitglieder mit entsprechendem Stimmengewicht nach Betrieben aufführen. Während der GBR-Sitzung ist die Beschlussfähigkeit durch den Vorsitzenden vor jedem Beschluss festzustellen und im Protokoll zu vermerken. Sodann ist von ihm die Abstimmung durchzuführen und diese ebenfalls entsprechend zu protokollieren. Der Vorsitzende und der Schriftführer müssen während der Sitzung stets darüber orientiert sein, ob das Gremium noch beschlussfähig ist.

33. Sind die Stimmen der GJAV bei Beschlüssen mitzuzählen?

Ja, immer wenn der Beschluss „überwiegend“ die Interessen der von der GJAV betreuten jungen Arbeitnehmer betrifft. Das Wort „überwiegend“ hat dabei eine quantitative Bedeutung. Es müssen also zahlenmäßig mehr junge bzw. Auszubildende als andere Mitarbeiter betroffen sein. In diesem Fall nehmen alle GJAV-Mitglieder bei der Beschlussfassung teil. Die Stimmen der GJAV zählen ausschließlich für die Feststellung der Stimmenmehrheit. Für die Fragen der grundsätzlichen Beschlussfähigkeit oder der Feststellung der absoluten Mehrheit des GBR spielen die Stimmen des GJAV dagegen keine Rolle.

Praxistipp

Ist ein Beschluss mit absoluter Mehrheit des GBR und mit den Stimmen der GJAV zu fassen, erfolgt die Beschlussfassung in zwei Schritten. Im ersten Schritt wird die Frage geklärt, ob die absolute Mehrheit im GBR erreicht ist. Es werden also nur die Stimmen der Mitglieder des GBR gezählt. Im zweiten Schritt wird die erforderliche Stimmenmehrheit aller abgegebenen Stimmen (auch von der GJAV) gezählt. Zuvor muss immer die Beschlussfähigkeit noch gesondert festgestellt werden (→ Frage 32: Wann ist der GBR beschlussfähig?).

34. Was gilt bei GBR-Mitgliedern, die für mehrere Betriebe entsandt sind?

Ist ein Mitglied des GBR von mehreren Betrieben entsandt, so hat es so viele Stimmen, wie in den Betrieben, für die es entsandt ist, wahlberechtigte Arbeitnehmer in den Wählerlisten eingetragen sind, bei mehreren Mitgliedern entsprechend anteilig (vgl. § 47 Abs. 7 BetrVG). Auch der sog. GBR-Delegierte (→ *Frage 8: Gibt es eine Höchstgrenze für die Mitgliederstärke des GBR?*) kann seine Stimmen nur einheitlich abgeben.

35. Muss ein Gesamtbetriebsausschuss (GBA) gebildet werden?

Ja, wenn es im GBR neun oder mehr Mitglieder gibt. Dann besteht der GBA aus dem GBR-Vorsitzenden und dessen Stellvertreter sowie je nach GBR-Größe zwischen drei und bis zu neun weiteren Ausschussmitgliedern (§ 51 Abs. 1 BetrVG). Die Bildung des GBA ist eine Pflichtaufgabe.

36. Wie werden die weiteren GBA-Mitglieder gewählt?

Grundsätzlich nach entsprechender Anwendung von § 27 Abs. 2 BetrVG, also nach den Grundsätzen der sog. Verhältniswahl. Allerdings nicht – wie beim Betriebsausschuss – nach den Grundsätzen der sog. geheimen Wahl, also durch eine verdeckte, schriftliche und geheime Stimmabgabe. Dies liegt daran, dass jedes GBR-Mitglied unterschiedliche Stimmengewichte hat.

Praxistipp

Die Durchführung einer Verhältniswahl ist manchmal unübersichtlich, so dass in jedem Fall eine schriftliche Stimmabgabe unter Verwendung von vorgefertigten Stimmzetteln ratsam ist, auf denen zuvor das jeweilige Stimmengewicht des GBR-Mitglieds vermerkt wird.

37. Welche Aufgaben hat der GBA?

Der GBA führt nach §§ 27 Abs. 2, 51 Abs. 1 BetrVG die laufenden Geschäfte des GBR, das sind interne, verwaltungsmäßige, organisatorische und ggf. wiederkehrende Aufgaben des GBR. Regelmäßig also die Vorbereitung der GBR-Sitzungen, die Einholung von Auskünften, das Beschaffen von Unterlagen, die Besprechung mit Vertretern der Gewerkschaften, Vorgespräche mit dem Arbeitgeber, Durchführung von Beschlüssen, die Vorbereitung der Betriebsräteversammlung uvm.

38. Gibt es eine Besonderheit bei den Beschlüssen des GBA?

Ja, bei der Beschlussfassung ist nicht die betriebsbezogene Stimmengewichtung der GBA-Mitglieder ausschlaggebend, sondern jedes GBA-Mitglied hat nur eine Stimme, es erfolgt also eine Abstimmung nach Köpfen.

39. Wer führt die laufenden Geschäfte, wenn es keinen GBA gibt?

Ist aufgrund der Größe des GBR kein GBA zu bilden, so führt auf Beschluss der Vorsitzende die laufenden Geschäfte. Dabei kann der GBR bestimmen, dass bestimmte Aufgaben auf einzelne andere GBR-Mitglieder übertragen werden, der Übertragungsbeschluss bedarf der absoluten Mehrheit.

40. Kann der GBR weitere Ausschüsse bilden?

Ja, wenn im Unternehmen mehr als 100 Arbeitnehmer beschäftigt sind, kann der GBR weitere Ausschüsse bilden (so §§ 28 Abs. 1, 51 Abs. 1 BetrVG). Welche Ausschüsse dies sind, entscheidet der GBR selbst.

Praxistipp

Empfehlenswert sind beispielsweise Ausschüsse zu den Themen: „Weiterbildung und Qualifikation", „Informations- und Kommunikationstechnologie" oder „betriebliche Altersvorsorge". Bei den Beschlussfassungen in solchen Ausschüssen hat jedes Ausschussmitglied nur eine Stimme, es erfolgt die Abstimmung nach Köpfen.

41. Was ist bei der Bildung von Ausschüssen zu beachten?

Welche Aufgabe ein Ausschuss erhält, ist durch Mehrheitsbeschluss festzulegen. Soll dieser Ausschuss sogar Aufgaben und Entscheidungen selbständig erledigen, bedarf die Übertragung der Aufgabe der absoluten Mehrheit des GBR. Die Übertragung von Aufgaben bedarf einer präzisen Beschreibung und abschließenden Aufzählung sowie in jedem Falle der Schriftform nach § 126 BGB, die Textform ist nicht ausreichend.

→ *Muster 3: Übertragungsbeschluss von Aufgaben auf einen Ausschuss*

Praxistipp

Die Schriftform ist in § 126 BGB definiert, die Übertragung muss auf einem Blatt Papier festgehalten und vom GBR-Vorsitzenden eigenhändig unterzeichnet werden. Die Schriftform wird auch gewahrt durch das ausgedruckte und vom Vorsitzenden unterzeichnete Protokoll der GBR-Sitzung. Dagegen erfüllt das Fertigen und Versenden einer E-Mail oder einer WhatsApp/SMS-Nachricht nur die Textform nach § 126b BGB, allerdings nicht die Schriftform!

42. Gibt es für den GBR und seine Mitglieder andere formelle Rechte als für den Betriebsrat?

Nein, im Grunde nicht. Die Aufzählung der formellen Mitbestimmungsrechte in § 51 Abs. 1 BetrVG ist weitgehend vollständig. Nur wenige Organisationsvorschriften sind in der Aufzählung nicht enthalten.

43. Welche Regelungen gelten nicht für den GBR und seine Mitglieder?

Für den GBR gilt kein Geschlechterproporz bei der Bestimmung von Ersatzmitgliedern, wie in § 15 Abs. 2 BetrVG für die Betriebsratssitzung. Auch hat der GBR andere Regeln für die Beschlussfähigkeit und -fassung. Die Schutznormen für die einzelnen Mitglieder bezüglich des Arbeitsentgeltes und der Tätigkeit nach § 37 Abs. 4 und 5 BetrVG sowie der Anspruch auf die Teilnahme an Schulungsveranstaltungen nach § 37 Abs. 6 und 7 BetrVG gelten auch für die GBR-Mitglieder, sind allerdings weiterhin auf der betrieblichen Ebene verortet.

44. Gibt es eine Freistellung nach § 38 BetrVG auch für GBR-Mitglieder?

Nicht unmittelbar. Örtliche Betriebsräte können sich ab einer bestimmten Betriebsgröße auf Beschluss ihres Gremiums von ihren arbeitsvertraglichen Pflichten für die Erfüllung ihres Betriebsratsmandats nach § 38 BetrVG vollständig befreien. Diese Freistellungsmöglichkeit ist auf den GBR nicht anwendbar, es fehlt an einer entsprechenden Verweisung in § 51 Abs. 1 BetrVG. Der GBR kann jedoch einen Anspruch auf eine generelle oder eine Teilfreistellung eines GBR-Mitglieds nach § 51 Abs. 1 BetrVG iVm § 37 Abs. 2 BetrVG stützen.

Praxistipp

Oft ist die vollständige Freistellung des GBR-Vorsitzenden unumgänglich. Der GBR sollte zusammen mit dem Arbeitgeber eine praktikable Lösung für die große Arbeitsbelastung finden. Die Freistellung von der arbeitsvertraglichen Arbeit liegt nicht im Ermessen des Arbeitgebers, sondern nur in der Erforderlichkeit der GBR-Arbeit, die der Vorsitzende selbst und pflichtgemäß beurteilt.

45. Hat ein GBR-Mitglied einen zusätzlichen Schulungsanspruch nach § 37 Abs. 6 BetrVG?

Ja, die Mitgliedschaft erfordert im GBR andere, zusätzliche Kenntnisse und Fähigkeiten. Der Beschluss für die Entsendung zu einer GBR-Schulung fasst jedoch der Betriebsrat für seine entsandten Mitglieder. Soweit es sich allerdings um eine sog. Inhouseschulung für das gesamte GBR-Gremium handelt, fasst der GBR einen entsprechenden Beschluss, klärt mit dem Arbeitgeber alle dafür notwendigen Formalitäten und setzt die örtlichen Betriebsräte in Kenntnis.

46. Kann sich der GBR eine Geschäftsordnung geben?

Ja, nach §§ 36, 51 Abs. 1 BetrVG besteht auch für den GBR die Möglichkeit, eine Geschäftsordnung festzulegen. Die Geschäftsordnung bedarf der Schriftform und wird mit der Mehrheit der Stimmen der GBR-Mitglieder beschlossen. Da der GBR keine Amtszeit hat, gilt die Geschäftsordnung so lange, bis der GBR einen anders lautenden Beschluss mit absoluter Mehrheit gefasst hat.

Praxistipp

Viele Geschäftsordnungen enthalten unzulässige Änderungen oder unnötige Verschärfungen des BetrVG oder eines TVs. Für die Wirksamkeit seiner Beschlüsse muss der GBR sich an diese Geschäftsordnung halten. Seit Inkrafttreten des Betriebsrätemodernisierungsgesetz ist eine Geschäftsordnung fast Pflicht. Zusätzlich sollten eine vorausschauende und gemeinsam beschlossene Terminplanung, versierte Protokollführer sowie die Implementierung einer guten Kommunikations- undStreitkultur etabliert werden.

→ *Muster 9: Geschäftsordnung eines Gesamtbetriebsrats*

II. Die Betriebsräteversammlung

Auf der Betriebsräteversammlung informiert der GBR die Betriebsräte über alle Aktivitäten des GBR. Effektiv und gut durchgeführt führt diese zu einer besseren Vernetzung der Betriebsräte. Die Regelungen für die Betriebsräteversammlung entsprechen in Grundzügen den Regeln für die Betriebsversammlung. Die Betriebsräteversammlung unterscheidet sich aber signifikant von einer Betriebsversammlung, in der zumeist keine lebendige Diskussion zwischen der Arbeitnehmerschaft und dem Arbeitgeber aufkommt. Die Betriebsräteversammlung lebt von den starken Akteuren bei den gewerkschaftlichen Interessensvertretungen und in den Betriebsräten und wird zumeist auf fachlich und sozialpolitisch hohem Niveau geführt.

47. Was ist eine Betriebsräteversammlung?

Mindestens einmal in jedem Kalenderjahr lädt der GBR zu der sog. Betriebsräteversammlung nach § 53 BetrVG ein. Sie entspricht im Wesentlichen der Betriebsversammlung nach §§ 43 ff. BetrVG, ist nicht-öffentlich und wird vom GBR-Vorsitzenden geleitet. Der Unternehmer ist unter Mitteilung der Tagesordnung rechtzeitig einzuladen. Er hat ein Rederecht und muss seinen Bericht nach § 43 Abs. 2 BetrVG erstatten. Der GBR-Vorsitzende trägt den Tätigkeitsbericht des GBR vor. Darüber hinaus kann die Betriebsräteversammlung weitere unternehmensrelevante Themen nach § 45 BetrVG behandeln. Wird diese Versammlung beharrlich nicht durchgeführt, stellt dies eine grobe Verletzung der gesetzlichen Pflichten nach § 23 Abs. 1 BetrVG dar.

48. Wer muss zur Betriebsräteversammlung eingeladen werden?

Neben den Mitgliedern des GBR werden der Betriebsratsvorsitzende und der Stellvertreter sowie die weiteren Mitglieder der jeweiligen Betriebsausschüsse eingeladen.

Praxistipp

Sind Vorsitzender und Stellvertreter aufgrund ihrer GBR-Mitgliedschaft bereits Teilnehmer der Betriebsräteversammlung, kann der Betriebsrat noch weitere Personen entsenden und damit mind. vier Personen an der Betriebsräteversammlung teilnehmen lassen.

49. Wer hat noch ein Teilnahmerecht?

Neben den zuvor genannten Teilnehmern sind der Unternehmer zur Teilnahme berechtigt sowie ein Beauftragter seiner Arbeitgebervereinigung, weiter die Gesamt-SBV und die Gewerkschaften, die im Unternehmen vertreten sind. Ansonsten kann teilnehmen, wer vom GBR eingeladen ist, zB die Mitglieder der GJAV, des KBR, des Wirtschaftsausschusses, die Arbeitnehmervertreter im Aufsichtsrat, zudem Referenten oder Sachverständige. Allerdings sollte der Kreis der Teilnehmer begrenzt sein.

50. Kann eine Betriebsräteversammlung auch häufiger im Jahr stattfinden?

Ja, das Gesetz sieht nur die Mindestanzahl von einer Betriebsräteversammlung pro Jahr vor. Der Arbeitgeber kann weitere Versammlungen nicht verhindern, soweit diese aus Sicht des GBR sachdienlich und erforderlich sind und auf einem GBR-Beschluss beruhen. Eine Betriebsräteversammlung kann auch in einer sog. Teilversammlung durchgeführt werden (so § 53 Abs. 3 S. 1 BetrVG). Dies sollte aber nur ausnahmsweise und auf ausdrücklichen Beschluss des GBR erfolgen.

51. Wie muss eingeladen werden?

Die Einladung muss rechtzeitig erfolgen, damit die Betriebsräte ausreichend Gelegenheit haben, sich auf ihre Teilnahme an der Betriebsräteversammlung vorzubereiten. Mit der Einladung ist auch die durch den GBR beschlossene Tagesordnung mitzuteilen. Eine schriftliche Einladung ist nicht zwingend vorgeschrieben, jedoch sachdienlich. Die Betriebsversammlung findet im Übrigen während der Arbeitszeit statt.

52. Was muss in den Tätigkeitsbericht des GBR?

Der GBR berichtet in der Betriebsräteversammlung über seine Aktivitäten seit der letzten Betriebsräteversammlung. Der Inhalt des Tätigkeitsberichts ist durch den GBR formell zu beschließen. Er beinhaltet alle Aktivitäten des GBR, die Tätigkeiten der GBR-Ausschüsse und des Wirtschaftsausschusses. Der GBR kann Wertungen äußern und seine Beweggründe für die von ihm geschlossenen Beschlüsse und Maßnahmen darlegen. Grundsätzlich ist der Tätigkeitsbericht vom GBR-Vorsitzenden zu erstatten, Abweichungen davon sind zu beschließen. Jeder Teilnehmer hat ein Rederecht und kann zu allen Berichten Stellung nehmen.

Praxistipp

Der Tätigkeitsbericht eines GBR ist unbedingt in einem geeigneten Format zu präsentieren. Dafür benötigt der GBR geeignete Räumlichkeiten sowie weitere Ausstattungen. Solange § 129 BetrVG für solche Versammlungen eine virtuelle Zusammenkunft ermöglicht, sind geeignete virtuelle Räume und entsprechende Hard- und Software für die unternehmensangehörigen Teilnehmer notwendig. Für diese Ausstattung muss der Arbeitgeber die Kosten nach § 40 BetrVG übernehmen. Zur Vermeidung eines Kostenrisikos soll der GBR bereits im Vorfeld die Kostenübernahmeerklärung des Arbeitgebers einholen.

53. Welche Rechte und Pflichten hat der Arbeitgeber bei der Betriebsräteversammlung?

Der Arbeitgeber hat in der Betriebsräteversammlung zu allen Tagesordnungspunkten ein Rederecht und darf Stellung beziehen. Der GBR-Vorsitzende übt während der Betriebsräteversammlung das Hausrecht über die Räumlichkeit aus und erteilt dem Arbeitgeber das Wort. Der Arbeitgeber erstattet seinen Bericht nach § 43 Abs. 2 BetrVG bezogen auf das gesamte Unternehmen.

54. Haben die Teilnehmer einen Anspruch auf Kopien des Unternehmensberichts?

Nein, der Bericht kann grundsätzlich mündlich erfolgen. Nutzt der Arbeitgeber Unterlagen und werden diese Unterlagen zur Berichterstattung an die Teilnehmer während der Betriebsrätekonferenz ausgehändigt, so kann der Arbeitgeber sich diese nach erfolgter Berichterstattung zurückgeben lassen.

Praxistipp

Der Wirtschaftsausschuss kann nach § 109 BetrVG an den schriftlichen Tätigkeitsbericht des Unternehmers kommen. Der Wirtschaftsausschuss beschließt, diese Unterlagen für seine Aufgaben zu benötigen, und verlangt sie zur Einsicht. Gibt der Unternehmer diese Unterlagen gleichwohl nicht heraus, kann der GBR die Einigungsstelle einschalten, die dann für die Herausgabe der Unterlagen oder Informationen sorgt.

III. Aufgaben und Zuständigkeiten des Gesamtbetriebsrats

Das BetrVG kennt keine konkurrierenden Zuständigkeiten der einzelnen Arbeitnehmervertretungen auf den unterschiedlichen Ebenen, sondern weist ihnen nach dem Gesetz exakte Zuständigkeiten bzw. originäre Aufgaben zu. Auf Unternehmensebene ist der GBR für die Ausübung der Mitbestimmung verantwortlich. Der GBR übt seine gesetzliche Mitbestimmung unter anderem durch den Abschluss von Gesamtbetriebsvereinbarungen (GBV) aus.

55. Was ist eine GBV?

Eine GBV ist die verschriftlichte und gemeinsam unterschriebene Vereinbarung zwischen Arbeitgeber und GBR, und **zwar ausschließlich im Rahmen der originären Zuständigkeit des GBR** nach § 50 Abs. 1 BetrVG (→ *Frage 59: Wann ist der GBR originär zuständig?* ff.).

Eine Vereinbarung, die der GBR für einen örtlichen Betriebsrat kraft Auftrags nach § 50 Abs. 2 BetrVG (→ *Frage 72: Was ist unter der sog. „Zuständigkeit kraft Auftrags" zu verstehen?* ff.) ababschließt, ist nach ganz überwiegender Auffassung keine GBV, sondern eine Betriebsvereinbarung, die der GBR lediglich für den lokalen Betriebsrat veranlasst hat.

 **Praxistipp**

Für die Gültigkeit einer GBV müssen zum einen die Vertragspartner im Rubrum eindeutig benannt sein und zum anderen muss aus der Vereinbarung hervorgehen, wer kündigungsberechtigt und gegen wen die Kündigung zu richten ist. Dies kann bei der Zuständigkeit kraft Auftrages auf Seiten der Arbeitnehmer naturgemäß nur der originär zuständige Betriebsrat sein. Verhandelt der GBR für eine Vielzahl von Betriebsräten eine gleichlautende Vereinbarung kraft Auftrags nach § 50 Abs. 2 BetrVG, muss auf die formal wirksame Ausgestaltung einer solchen Betriebsvereinbarung geachtet werden.

56. Welche Aufgaben hat der GBR?

Der GBR hat Aufgaben aufgrund originärer Zuständigkeit (→ *Frage 59: Wann ist der GBR originär zuständig?* ff.), kraft Auftrags (→ *Frage 72: Was ist unter der sog. „Zuständigkeit kraft Auftrags" zu verstehen?* ff.) sowie Rechte und Pflichten aus dem BetrVG.

57. Welche Rechte und Pflichten aus dem BetrVG hat der GBR?

Der GBR

- beruft die Betriebsräteversammlung ein nach § 53 BetrVG (→ *Frage 59: Wann ist der GBR originär zuständig?* ff.),
- bestimmt die Mitglieder des Wirtschaftsausschusses (→ *Arbeit im Wirtschaftsausschuss / I. Einleitung* ff.) nach § 107 Abs. 2 BetrVG,
- ist Partei im Einigungsstellenverfahren bei Konflikten zwischen Arbeitgeber und Wirtschaftsausschuss nach § 109 BetrVG,
- ist zuständig für die Bestellung des Wahlvorstandes nach §§ 16 Abs. 2, 17 Abs. 1 BetrVG
- hat bestimmte Befugnisse in Bezug auf die Wahl von Aufsichtsräten,
- bestellt den Europäischen Betriebsrat gem. § 11 Abs. 1 EBRG,
- errichtet den Konzernbetriebsrat nach § 54 Abs. 1 S. 2 BetrVG (→ *Frage 93: Wie wird ein KBR gegründet?* ff.),
- bildet das Wahlgremium in einer Europäischen Gesellschaft,
- ist zuständig bei grenzüberschreitenden Verschmelzungsprozessen.

58. Hat der GBR mehr Rechte als der örtliche Betriebsrat?

Nein, soweit der GBR originär oder kraft Auftrags zuständig ist, hat er dieselben Rechte wie der Betriebsrat auf Unterrichtung, Beratung, Anhörung, Information uä. Bei der Frage nach der originären Zuständigkeit geht das BetrVG zunächst von der Zuständigkeit des Betriebsrats aus. Nur bei Vorliegen von bestimmten gesetzlichen Voraussetzungen ist der GBR originär zuständig. Ist der GBR originär zuständig, schließt er nach den gleichen Regeln wie der Betriebsrat eine Vereinbarung ab.

59. Wann ist der GBR originär zuständig?

Die Begriffe „Aufgabe" und „Zuständigkeit" des GBR sind inhaltsgleich. Der GBR ist immer dann originär zuständig, wenn es überbetriebliche Angelegenheiten sind **und** diese nicht durch die einzelnen Betriebsräte innerhalb ihres Betriebs geregelt werden können (so § 50 Abs. 1 S. 1 BetrVG). Beide Voraussetzungen müssen nach stRspr des BAG kumulativ vorliegen. Dabei kommt vor allen Dingen dem Grundsatz des sog. „Nichtregelnkönnens" besondere Bedeutung zu.

Praxistipp

Es gibt keine Zuständigkeitskonkurrenz zwischen den GBR und Betriebsrat. Die Feststellung der originären Zuständigkeit des GBR oder des Betriebsrats ist aber rechtlich schwierig. In einem solchen Fall ist dringend zu der Einschaltung einer spezialisierten Kanzlei zu raten. Vor der Beauftragung ist stets die Übernahme der entstehenden Kosten zu klären, was häufig bereits telefonisch geklärt werden kann.

60. Wann liegt eine überbetriebliche Regelungsfrage vor?

Es muss das gesamte Unternehmen oder mindestens zwei Betriebe des Unternehmens betroffen sein, dann liegt bereits eine sog. überbetriebliche Regelungsfrage vor.

Praxistipp

Der Arbeitgeber ist in seinem Unternehmen an den Gleichbehandlungsgrundsatz gebunden, sofern er betriebsüberschreitende freiwillige Leistungen gewährt. Der Gleichbehandlungsgrundsatz ist dabei grds. betriebsübergreifend zu verstehen. Eine unterschiedliche Behandlung zwischen einzelnen Betrieben ist daher nur dann zulässig, wenn es dafür sachliche Gründe gibt (BAG 3.12.2008 – 5 AZR 74/08). Aus dem Gleichbehandlungsgrundsatz kann allerdings keine originäre Zuständigkeit des GBR hergeleitet werden.

61. Wann liegt die Voraussetzung des „Nichtregelnkönnens" vor?

Die Gründe für das sog. „Nichtregelnkönnen" ergeben sich oft aus technischen oder rechtlichen Erwägungen, die so zwingend sein müssen, dass nur eine unternehmenseinheitliche oder zumindest betriebsübergreifende Regelung in Betracht kommen kann (so BAG 9.12.2003 – 1 ABR 49/02). Das BAG hat eine Vielzahl von Entscheidungen zur originären Zuständigkeit des GBR getroffen. Betrachtet werden immer die konkrete Angelegenheit und der jeweilige Mitbestimmungstatbestand. Aus der Zuständigkeit des GBR für eine mitbestimmungspflichtige Angelegenheit folgt nicht zwangsläufig auch die Zuständigkeit für die andere Angelegenheit, die damit im Zusammenhang steht.

Praxistipp

Die in den 90er und frühen 2000er Jahren erfolgte Rechtsprechung bzgl. der Zuständigkeit der Mitbestimmung bei Einführung und Anwendung von technischen Einrichtungen (§ 87 Abs. 1 Nr. 6 BetrVG) basierte teilweise noch auf einer Technik, die stets eine unternehmensweite, einheitliche Datenverarbeitung notwendig machte. Die in der Kommentierung zu findende Rechtsprechung könnte daher teilweise aufgrund der Digitalisierung heute bereits überholt sein.

→ *Muster 4: Zuständigkeit GBR – Auflistung von Beispielen für die originäre Zuständigkeit*

62. Kann der Wunsch des Arbeitgebers für die originäre Zuständigkeit maßgeblich sein?

Es kommt darauf an. **Nein,** wenn es sich um eine **erzwingbare Mitbestimmung** handelt. Auch reine Zweckmäßigkeitserwägungen, wie Zeitersparnis oder Kostenreduzierung bei der Durchführung der gesetzlichen Mitbestimmung, sind keine geeigneten Kriterien für die Begründung der originären Zuständigkeit des GBR (BAG 23.8.2016 – 1 ABR 43/14).

Ja, der Wunsch des Arbeitgebers kann eine entscheidende Rolle spielen, sofern es sich um **freiwillige, nicht erzwingbare Leistungen** des Arbeitgebers handelt und der Arbeitgeber mitbestimmungsfrei darüber entscheiden möchte und kann, ob er die Leistung überhaupt erbringt.

Praxistipp

Der GBR sollte die konkreten Vorstellungen des Arbeitgebers zunächst in Erfahrung bringen, ohne eine eigene Vorfestlegung auf ein bestimmtes Mitbestimmungsverfahren zu treffen. Sodann sind im Rahmen einer GBR-Sitzung und ggf. in einer außerordentlichen Betriebsräteversammlung der mitgeteilte Sachverhalt zu diskutieren und nach juristischer Prüfung die Frage der originären Zuständigkeit durch einen GBR-Beschluss festzustellen.

63. Wer führt die Verhandlung bei Betriebsänderungen nach §§ 111 ff. BetrVG durch?

Liegt eine Betriebsänderung nach §§ 111 ff. BetrVG vor, so muss der Arbeitgeber mit der zuständigen Arbeitnehmervertretung den Abschluss eines Interessenausgleichs, notfalls unter der Einschaltung der Einigungsstelle, ernsthaft versuchen und einen Sozialplan abschließen. Der Abschluss eines Sozialplans kann mithilfe der Einschaltung einer Einigungsstelle erzwungen werden.

64. Wer ist bei der Betriebsänderung für was zuständig?

Zunächst besteht eine gewisse Vermutung, dass dem örtlichen Betriebsrat die Mitbestimmungsrechte bzgl. der Betriebsänderung zustehen. Der GBR ist jedoch dann originär zuständig für die Verhandlungen und Beteiligungsrechte zum Interessenausgleich, wenn es sich um Änderungen handelt, die das ganze Unternehmen oder mehrere Betriebe des Unternehmens betreffen und notwendigerweise nur einheitlich geregelt werden können (Fitting BetrVG § 50 Rn. 9). Interessenausgleich und Sozialplan sind nicht dieselbe Angelegenheit iSv § 50 Abs. 1 S. 1 BetrVG. Zwar werden sie durch einen einheitlichen Lebenssachverhalt ausgelöst, sie sind jedoch gleichwohl unterschiedliche Rechte. Der betriebsverfassungsrechtliche Gleichbehandlungsgrundsatz führt dabei ebenfalls nicht ohne weiteres zu der Zuständigkeit des GBR. Für den Sozialplan könnte also auch in einem solchen Fall der Betriebsrat zuständig bleiben.

Praxistipp

Ist der GBR für den Mitbestimmungstatbestand des Interessenausgleichs zuständig, spricht einiges dafür, dass er auch für den Abschluss des Sozialplans zuständig ist. Im Zweifel trägt der Arbeitgeber das Risiko, mit einem unzuständigen Verhandlungspartner den Interessenausgleich versucht zu haben. Würde er einen möglichen Verhandlungspartner unzulässig zurückweisen, hätte er den Interessenausgleich nicht ausreichend versucht und wäre damit ggf. zur Zahlung des sog. Nachteilsausgleichs nach § 113 BetrVG verpflichtet (BAG 24.1.1996 – 1 AZR 542/95). Dagegen trägt die Arbeitnehmerschaft das Risiko einer unwirksamen Sozialplanvereinbarung. Ohne eine fundierte rechtliche Prüfung sollte die Frage der originären Zuständigkeit nicht vom GBR entschieden werden.

65. Wann ist der GBR typischerweise für den Interessenausgleich zuständig?

Der GBR ist nach Urteilen des BAG originär zuständig bei der Zusammenlegung mehrerer Betriebe, bei einem unternehmenseinheitlichen Konzept einer mehrere Betriebe betreffenden Betriebsänderung, bei Strukturentscheidungen, die das ganze Unternehmen erfassen, oder bei der Stilllegung aller Betriebe (vgl. Fitting BetrVG § 50 Rn. 59).

Praxistipp

Das BAG hat eine Vielzahl von Entscheidungen über die originäre Zuständigkeit getroffen. Die Auflistung dieser Entscheidungen im Kommentar Fitting BetrVG § 50 Rn. 59 bietet einen ersten guten Überblick für die eigene Meinungsfindung. Dabei sollte bedacht werden, dass die vom BAG verkündeten Urteile nur in pointierten, den Sachverhalt verkürzenden Überschriften genannt werden können.

66. Welche Konfliktmöglichkeiten existieren bei Unklarheiten über die Zuständigkeit?

Bestehen zwischen Arbeitgeber, Betriebsrat und/oder GBR Differenzen bezüglich der originären Zuständigkeit, muss zunächst der Arbeitgeber, notfalls über ein gerichtliches Eilverfahren klären, welche Arbeitnehmervertretung auf welcher Ebene für die Verhandlungen zu dem speziellen Mitbestimmungstatbestand originär zuständig ist.

67. Hilft bei der Klärung der originären Zuständigkeit die Einigungsstelle?

Nur bedingt. Die Einigungsstelle ist zuständig, sofern Verhandlungen zwischen den zuständigen Betriebsparteien gescheitert sind. Verweigert zB der Arbeitgeber Verhandlungen über einen zwingend mitbestimmungspflichtigen Sachverhalt, kann der GBR die Einigungsstelle anrufen. Mithilfe eines sog. gerichtlichen Einigungsstelleneinsetzungsverfahrens wird auch gegen den Willen des Arbeitgebers die Einigungsstelle gebildet. Das Gericht prüft dabei nur summarisch die originäre Zuständigkeit. Die gebildete Einigungsstelle trifft später eine eigene Entscheidung zur originären Zuständigkeit der Parteien.

68. Was ist ein sog. Betriebsübergang?

Geht ein Betrieb oder Betriebsteil durch Rechtsgeschäft auf einen anderen Inhaber über, so tritt dieser in die Rechte und Pflichten aus den im Zeitpunkt des Übergangs bestehenden Arbeitsverhältnissen ein. Sind diese Rechte und Pflichten durch einen TV oder durch eine Betriebsvereinbarung geregelt, so werden sie Inhalt des Arbeitsverhältnisses zum neuen Inhaber und dürfen nicht vor Ablauf eines Jahres nach dem Zeitpunkt des Übergangs zum Nachteil des Arbeitnehmers geändert werden (so § 613a Abs. 1 BGB). Es findet also eine Transformation von betrieblichen und tariflichen Regelungen auf die Ebene des Arbeitsvertrages statt.

Praxistipp

Die Regelungen des § 613a BGB dienen dem Schutz der Rechte der Arbeitnehmer und werden zusätzlich durch die Europäische Richtlinie 2001/23/EG vom 12.3.2001 gestützt.

69. Erfolgt in jedem Fall eine solche Transformation von kollektiven Regelungen?

Nein, eine Transformation ist ausgeschlossen, wenn der gleiche Mitbestimmungstatbestand beim Betriebserwerber bereits kollektivrechtlich geregelt ist. Besteht also ein anderer einschlägiger TV oder eine regelungsidentische andere Betriebsvereinbarung beim Erwerber, entfällt die Transformation. Stattdessen gelten dann die Regelungen des Erwerbers. Die sog. **Regelungsidentität** und ihre tatsächlichen Anforderungen sind im Einzelfall für jede einzelne kollektivrechtliche betriebliche Vereinbarung zu prüfen.

Praxistipp

Die Prüfung der Frage, was bei einem Betriebsübergang mit bestehenden Betriebsvereinbarungen oder GBV passiert, ob sie aufgrund der sog. Regelungsidentität ihre Gültigkeit verlieren, ist rechtlich schwierig und oft zeitaufwändig. Vor allem, wenn es in dem erworbenen Betrieb oder beim Erwerber eine Vielzahl von Betriebsvereinbarungen gibt. Für die Rechtssicherheit der übergehenden Arbeitnehmer ist die Frage nach dem Fortbestand aller vorhandenen Regelungen mit dem Arbeitgeber im Detail zu klären.

Praxistipp

GBR und Betriebsrat sollten bei einem Betriebsübergang die ***Gratifikationszusagen*** *und die* ***betriebliche Altersvorsorge*** *der Arbeitnehmerschaft genau im Blick behalten. Für die spätere Geltendmachung müssen die Anspruchsgrundlagen solcher transformierten Anrechte den Arbeitnehmern schriftlich zur Verfügung gestellt werden können. Auf entsprechende Betriebsvereinbarungen oder GBV, Gesamtzusagen oder tarifliche Vereinbarungen sollten Arbeitnehmer daher jederzeit zugreifen können.*

70. Kann auch eine GBV transformiert werden?

Es kommt darauf an. Die Beantwortung der Frage nach der Transformation einer GBV im Zuge eines Betriebsübergangs entscheidet sich durch die Ausgestaltung des Betriebsübergangs. Die entscheidenden Fragen sind: Unterhält der Erwerber bereits eigene Betriebe und wie wird der erworbene Betrieb in den vorhandenen „Bestand" integriert? Werden ein Betriebsteil, ein ganzer Betrieb oder alle Betriebe auf den Erwerber übertragen? Werden die Betriebe oder das Unternehmen unter Wahrung ihrer eigenen Betriebs- oder Unternehmensidentität übernommen?

Praxistipp

Gerade die Frage nach der Transformation von GBVen ist rechtlich nicht einfach zu beantworten. Häufig nimmt die GBV Bezug auf einen bestehenden TV. Ist der neue Erwerber Mitglied eines anderen Arbeitgeberverbandes und wechselt dadurch der TV, wird die Beantwortung noch schwieriger. Eine gründliche juristische Recherche und Prüfung der einschlägigen Normen ist in einem solchen Fall unerlässlich.

71. Besteht der GBR bei einem Betriebsübergang in jedem Falle weiter?

Auch hier kommt es darauf an. Bleibt die Identität des Unternehmens beim neuen Inhaber bestehen, so existiert der GBR auch nach dem Betriebsübergang weiter. Werden aber nicht sämtliche Betriebe auf den neuen Inhaber übertragen oder bestehen bei dem neuen Inhaber bereits Betriebsräte, kann ein neuer GBR-Zuschnitt notwendig werden. Übernimmt der Erwerber zB nur einen Betrieb mit Betriebsrat, so entsendet dieser Betriebsrat seine Mitglieder in den dort bestehenden GBR und ist nicht mehr Mitglied in dem vorherigen GBR. In diesem Fall bleibt der alte GBR bestehen, sofern er noch über mindestens zwei Betriebe mit Betriebsrat verfügt.

Praxistipp

Es ist stets zu prüfen, ob mit einem Betriebsübergang nach § 613a Abs. 1 BGB die Strukturen des GBR geändert werden, ob die Legitimation für die GBR-Ausschüsse noch besteht oder die Neuwahl des Wirtschaftsausschusses erfolgen muss (→ Frage 91: Welche Amtszeit hat der Wirtschaftsausschuss?).

72. Was ist unter der sog. „Zuständigkeit kraft Auftrags“ zu verstehen?

Jeder örtliche Betriebsrat kann mit der Mehrheit der Stimmen seiner Mitglieder, also der absoluten Mehrheit, den GBR beauftragen, eine Angelegenheit für ihn zu behandeln. Durch die Beauftragung des GBR können sich die Betriebsräte die Sachkunde, Erfahrung und Verhandlungsstärke des GBR zu Eigen machen. Die Beauftragung des GBR wird auch „Delegation“ genannt.

73. Mit welchen Angelegenheiten kann der Betriebsrat den GBR beauftragen?

Jede Angelegenheit im Rahmen des Mitbestimmungsrechts des Betriebsrats kann auf den GBR übertragen werden. Auch eine sog. allgemeine Überwachungsaufgabe nach § 80 BetrVG kann der Betriebsrat an den GBR delegieren. Der Auftrag des Betriebsrats kann aber immer nur für eine konkrete Angelegenheit erfolgen, nicht für einen ganzen Mitbestimmungsbereich. Damit unterscheidet sich die Beauftragung des GBR nach § 50 Abs. 2 BetrVG ganz erheblich von der Übertragung der selbständigen Erledigung von Aufgaben auf die Ausschüsse des GBR nach §§ 27, 28 BetrVG (→ *Frage 41: Was ist bei der Bildung von Ausschüssen zu beachten?*).

74. Kann sich der Betriebsrat die letztendliche Entscheidungsbefugnis vorbehalten?

Ja, der Betriebsrat kann den GBR nur mit der Verhandlung der Angelegenheit betrauen, sich aber die Entscheidungsbefugnis vorbehalten. Dieser Vorbehalt muss dem GBR gegenüber ausdrücklich erklärt werden. Gibt es Zweifel an dem Umfang der Beauftragung, ist stets von einer Beauftragung ohne Vorbehalt auszugehen (Fitting BetrVG § 50 Rn. 69).

→ *Muster 5: Beschluss für die Beauftragung des GBR unter Vorbehalt der letztendlichen Entscheidung*

75. Was ist von der vorbehaltlosen Beauftragung des GBR umfasst?

Ab der vorbehaltlosen Beauftragung nach § 50 Abs. 2 BetrVG ist der GBR allein und vollumfänglich zur Behandlung der Angelegenheit ermächtigt und sachlegitimiert. Der beauftragende Betriebsrat bleibt zwar Träger des Mitbestimmungsrechts. Allerdings kann bei einer solchen Beauftragung nur der GBR die Mitbestimmungsrechte außergerichtlich und gerichtlich geltend machen, zB die Einigungsstelle anrufen, ein Einigungsstelleneinsetzungsverfahren einleiten etc.

→ *Muster 6: Beschluss für die vorbehaltlose Beauftragung des GBR*

Praxistipp

Bei der Delegation von Aufgaben muss der GBR stets prüfen, ob sein Handeln noch von dem Beschluss des beauftragenden Betriebsrats umfasst ist.

76. Welche Voraussetzungen müssen für die Beauftragung des GBR vorliegen?

Der Betriebsrat kann mit der Mehrheit der Stimmen seiner Mitglieder (sog. absolute Mehrheit) den GBR beauftragen, eine Angelegenheit für ihn zu behandeln. Die Angelegenheit ist genau zu bezeichnen. Die Übertragung bedarf der Schriftform nach § 126 BGB.

77. Reicht für die Schriftform das entsprechende Protokoll aus?

Nein, anders als bei der Übertragung von Aufgaben auf Ausschüsse nach §§ 27, 28 BetrVG (→ *Frage 41: Was ist bei der Bildung von Ausschüssen zu beachten?*) reicht die unterschriebene Sitzungsniederschrift für eine solche Delegation nicht aus. Dem GBR muss die Beauftragung in schriftlicher Form ausdrücklich zugehen. Hat der Betriebsrat sich die Entscheidungsbefugnis nicht vorbehalten, kann ab Zugang des Auftrags an den GBR nur noch dieser die Angelegenheit behandeln.

78. Kann der GBR den Auftrag ablehnen?

Nein, der GBR ist grundsätzlich verpflichtet, den Auftrag anzunehmen. Er hat dabei stets die Wirksamkeit der Beauftragung zu prüfen. Er kann nur ausnahmsweise ablehnen, wenn die Angelegenheit zu unbestimmt ist, der Beschluss im Betriebsrat nicht wirksam gefasst wurde oder offensichtlich kein Mitbestimmungsrecht besteht.

79. Muss der Arbeitgeber von der Beauftragung des GBR unterrichtet werden?

Nein, die Unterrichtung des Arbeitgebers über die Beauftragung des GBR ist zwar sachdienlich, allerdings keine Voraussetzung für deren Wirksamkeit. Die Unterrichtung des Arbeitgebers ist jedoch Ausdruck der vertrauensvollen Zusammenarbeit nach § 2 Abs. 1 BetrVG (Fitting BetrVG § 50 Rn. 64) und sollte in jedem Falle zeitnah erfolgen.

80. Kann der Betriebsrat eine Delegation auch wieder zurücknehmen?

Ja, dies ist durch einen sog. Widerrufbeschluss des Betriebsrats möglich. Dieser muss wieder mit absoluter Mehrheit der Stimmen seiner Mitglieder gefasst werden und in schriftlicher Form dem GBR-Vorsitzenden zugehen. Er wird erst wirksam mit Zugang. Der Widerruf bedarf keiner Gründe. Der Arbeitgeber ist ebenfalls zu unterrichten.

81. Kann eine unwirksame Beauftragung durch den Betriebsrat geheilt werden?

Ja, wenn lediglich ein Mangel bezüglich der Beschlussfassung des beauftragenden Betriebsrats vorlag. In einem solchen Fall könnte über einen Genehmigungsbeschluss des Betriebsrats, also durch einen erneuten, formwirksamen Beschluss, dieser Mangel geheilt werden (Fitting BetrVG § 50 Rn. 63).

Praxistipp

Der GBR sollte den Betriebsrat bei der Formulierung des Beauftragungsbeschlusses unterstützen. Vor allem, wenn er eine Angelegenheit für mehrere Betriebsräte verhandelt. Dann sollten gleichlautende Beschlusstexte mit derselben Bezeichnung der zu behandelnden Angelegenheit und demselben Beauftragungsumfang an die Betriebsräte mit der Bitte versandt werden, diese exakt so zu beschließen. Sind die Beauftragungstexte nämlich nicht identisch, kann es nachträglich zu Schwierigkeiten hinsichtlich der Zuständigkeiten und Befugnisse kommen.

82. Kann der GBR umgekehrt Aufgaben auf den örtlichen Betriebsrat delegieren?

Nein, dies ist ausgeschlossen. Die Betriebsräte sind frei von Weisungen und Aufgaben des GBR oder KBR.

83. Was ist eine Rahmen-GBV?

Der Begriff der sog. Rahmen-GBV ist nicht definiert. Vielfach wird darunter verstanden, dass eine Rahmen-GBV quasi eine betriebliche Öffnungsklausel vorsieht und damit dem örtlichen Betriebsrat eine eigene Möglichkeit verschafft, innerhalb des vorgezeichneten Rahmens die mitbestimmungspflichtige Angelegenheit den örtlichen Besonderheiten anzupassen.

84. Ist eine solche Rahmen-GBV wirksam?

Vielleicht, es kommt auf die Ausgestaltung der Rahmen-GBV an. Dabei ist von folgenden Grundsätzen auszugehen: Der GBR kann mit Hilfe einer Rahmen-GBV nicht Teile seines originären Mitbestimmungsrechts auf den örtlichen Betriebsrat delegieren (BAG 21.1.2003 – 3 ABR 26/02). Zudem ist eine Aufspaltung der originären Zuständigkeit innerhalb eines Mitbestimmungstatbestands auf mehrere betriebsverfassungsrechtliche Organe nicht möglich (BAG 14.11.2006 – 1 ABR 4/06). Sofern der GBR für die Behandlung einer Angelegenheit originär zuständig ist, muss er diesen Mitbestimmungstatbestand im Ganzen mit dem Arbeitgeber regeln und nicht die Konkretisierung dem örtlichen Betriebsrat überlassen. Allerdings können Regelungsangelegenheiten unterschiedliche Mitbestimmungstatbestände auslösen, so dass unterschiedliche Zuständigkeiten in Betracht kommen können.

Praxistipp

Eine Rahmen-GBV wird häufig zu dem Thema „Informations- und Kommunikationstechnik" geschlossen. Eine Aufspaltung der Zuständigkeiten für einen Mitbestimmungstatbestand auf mehrere betriebsverfassungsrechtliche Organe ist allerdings nicht möglich. Der GBR kann nicht einen Rahmen schaffen, der anschließend vom Betriebsrat ausgefüllt wird.

Achtung! *Mit der hier erwähnten Rahmen-GBV sind nicht Rahmen-Betriebsvereinbarungen gemeint, in der ein grundsätzlicher Rahmen für zukünftige Mitbestimmungssachverhalte geschaffen wird und der vom selben Gremium später konkretisiert wird. Das ist unproblematisch wirksam.*

85. Gilt eine GBV auch für die Arbeitnehmer der betriebsratslosen Betriebe?

Ja, allerdings ausschließlich bei Mitbestimmungssachverhalten innerhalb der originären Zuständigkeit des GBR, dies wird aus der Formulierung „insoweit" in § 50 Abs. 1 S. 1 Hs. 2 BetrVG deutlich.

86. Können den Arbeitnehmern des betriebsratslosen Betriebs Nachteile erwachsen?

Ja, wenn zB unternehmensweite Betriebsänderungen anstehen. Liegt beim GBR die originäre Zuständigkeit für den Abschluss eines Interessenausgleichs, kann der GBR auch für die Arbeitnehmer in betriebsratslosen Betrieben eine Namensliste für den geplanten Stellenabbau vereinbaren, auf der ein Arbeitnehmer aus einem solchen Betrieb benannt ist, mit der Folge des anschließenden Ausspruchs einer betriebsbedingten Kündigung. Hat der GBR nicht gleichzeitig auch die originäre Zuständigkeit für den Abschluss eines Sozialplans, kann für diesen Arbeitnehmer ein Sozialplan nicht erzwungen werden, so dass er ggf. von Abfindungen ausgeschlossen wäre.

Praxistipp

Der GBR sollte in diesem Fall unverzüglich versuchen, Betriebsratswahlen zu initiieren. Gelingt dies nicht, sollte er den Abschluss einer freiwilligen Betriebsvereinbarung nach § 88 BetrVG mit dem Arbeitgeber anstreben.

87. Was kann der GBR für betriebsratslose Betriebe sonst tun?

Der GBR ist für die Bestellung der Wahlvorstände in betriebsratslosen Betrieben zuständig, kann dafür Kandidaten suchen und ansprechen. Der GBR hat gegenüber dem Arbeitgeber einen Anspruch auf Aushang seines Kandidaten-Aufrufes an geeigneter Stelle im Betrieb. Allerdings kann er nach der Rechtsprechung des BAG keine Belegschaftsversammlungen durchführen (BAG 16.11.2011 – 7 ABR 28/10).

Praxistipp

Der GBR sollte ein besonderes Augenmerk auf die Durchführung von Betriebsratswahlen in betriebsratslosen Betrieben haben. Besteht kein örtlicher Betriebsrat, entstehen für die Arbeitnehmer dieses Unternehmensteils Mitbestimmungslücken, die der GBR nicht schließen kann! Der GBR sollte daher in regelmäßigen Abständen und ggf. zusammen mit der örtlichen Gewerkschaft versuchen, Kandidaten für die Betriebsratswahl zu finden.

88. Können Arbeitnehmer eines betriebsratslosen Betriebs den GBR beauftragen?

Nein, dies ist ausgeschlossen. Die Arbeitnehmer des betriebsratslosen Betriebs haben jedoch die Möglichkeit, eine Betriebsratswahl mithilfe des GBR einzuleiten. Der GBR wird in diesem Fall nach § 17 Abs. 1 BetrVG den Wahlvorstand für die bevorstehende Betriebsratswahl bestellen.

89. Welche Aufgaben hat der Wirtschaftsausschuss?

In Unternehmen mit in der Regel mehr als 100 Arbeitnehmern ist ein Wirtschaftsausschuss zu bilden, der die Aufgabe hat, wirtschaftliche Angelegenheiten mit dem Unternehmer zu beraten und den Betriebsrat zu unterrichten (so § 106 Abs. 1 BetrVG). Der Arbeitgeber hat die Verpflichtung, den Wirtschaftsausschuss rechtzeitig und umfassend über die wirtschaftlichen Angelegenheiten des Unternehmens unter Vorlage der erforderlichen Unterlagen zu informieren und die sich daraus ergebenden Auswirkungen auf die Arbeitnehmer darzustellen (vgl. § 106 Abs. 2 S. 1 BetrVG).

→ *Arbeit im Wirtschaftsausschuss / Frage 11: Welche Aufgaben hat der Wirtschaftsausschuss?* ff.

90. Wie wird ein Wirtschaftsausschuss gebildet?

Das BetrVG bestimmt, dass ein Betriebsrat den Wirtschaftsausschuss bildet. Besteht ein GBR, dann bestimmt dieser mit einfacher Stimmenmehrheit die Mitglieder im Wirtschaftsausschuss (vgl. Fitting BetrVG § 107 Rn. 18). Wurde pflichtwidrig kein GBR errichtet, kann auch kein Wirtschaftsausschuss gebildet werden (vgl. Fitting BetrVG § 107 Rn. 20).

91. Welche Amtszeit hat der Wirtschaftsausschuss?

Es kommt darauf an, wer für die Bildung des Wirtschaftsausschusses zuständig ist. Ist der Betriebsrat zuständig, verhält sich die Amtszeit spiegelbildlich zu der des Betriebsrats, beträgt also im Regelfall vier Jahre (vgl. Fitting BetrVG § 107 Rn. 14).

92. Welche Amtszeit besteht, wenn der GBR zuständig ist?

Da der GBR keine Amtszeit hat (→ *Frage 10: Hat der GBR eine Amtszeit?*), richtet sich die Amtszeit des Wirtschaftsausschusses nach der Amtszeit der Mehrheit der Mitglieder des GBRs. Der Begriff der „Mehrheit" meint nicht das Stimmengewicht nach § 47 Abs. 7, 8 BetrVG, sondern die Mehrheit in Bezug auf die Mitgliederanzahl im GBR (vgl. Fitting BetrVG § 107 Rn. 19 mit Beispielsrechnung).

IV. Der Konzernbetriebsrat

Der Konzernbetriebsrat (KBR) ist für die Mitbestimmungstatbestände zuständig, die den gesamten Konzern oder mehrere Unternehmen des Konzerns übergreifend betreffen. Ob ein KBR gebildet wird, liegt dabei im Ermessen der GBRe im Konzern. In § 59 Abs. 1 BetrVG erfolgt eine umfangreiche Verweisung auf die Rechte und Pflichten sowie die Regelungen zum GBR. Die in dieser Arbeitshilfe enthaltenen Ausführungen zum GBR gelten sinngemäß auch für den KBR, nur bezogen auf den Konzern. Auch die Regeln für die unterschiedlichen Zuständigkeiten und die Regelungsbesonderheiten sind auf den KBR sinngemäß zu übertragen. Nur soweit Abweichungen vorliegen, werden diese in diesem Abschnitt behandelt.

93. Wie wird ein KBR gegründet?

Liegt ein Konzern nach § 18 Abs. 1 AktG vor, kann durch Beschlüsse der einzelnen GBRe ein Konzernbetriebsrat (KBR) gegründet werden. Die Errichtung erfordert die Zustimmung der GBRe der Konzernunternehmen, in denen insgesamt mehr als 50% der Arbeitnehmer der Konzernunternehmen beschäftigt sind (so § 54 Abs. 1 BetrVG).

94. Wann liegt ein Konzern iSv § 18 Abs. 1 AktG vor?

Der Begriff des Konzerns ist in § 18 Abs. 1 AktG definiert. Danach ist ein Konzern die Zusammenfassung eines herrschenden und eines oder mehrerer abhängiger Unternehmen unter der einheitlichen Leitung des herrschenden Konzerns. Es handelt sich dabei um eine sog. definitorische Verweisung, so dass für das BetrVG die aktienrechtliche Definition des Konzernbegriffs bindend ist.

95. Was ist ein sog. herrschendes Unternehmen?

Ein herrschendes Unternehmen besitzt die gesellschaftsrechtlichen Möglichkeiten, beherrschenden Einfluss auf die zentralen Geschäftsbereiche anderer Unternehmen auszuüben. Dieser Einfluss kann durch Stimmrechte, Stimmbindungsverträge, Personenidentität von Leitungsorganen, Entsendungsrechte, einen Beherrschungsvertrag iSv § 291 AktG oder eine Eingliederung nach § 319 AktG erfolgen.

96. Wann liegt ein sog. abhängiges Unternehmen vor?

Abhängige Unternehmen sind rechtlich selbständige Unternehmen, die unter einheitlicher Leitung des herrschenden Unternehmens in einem Abhängigkeitsverhältnis zu dem herrschenden Unternehmen stehen (§ 17 Abs. 1 AktG). Dabei wird bei einem in Mehrheitsbesitz stehenden Unternehmen vermutet, dass es von den an ihm mit Mehrheit beteiligten Unternehmen abhängig ist (vgl. § 17 Abs. 2 AktG).

97. Was bedeutet eine sog. einheitliche Leitung?

Die einheitliche Leitung kann sich zB aus einem Beherrschungsvertrag ergeben, insbesondere einer Mehrheitsbeteiligung oder auf Grund einer gesellschaftsvertraglichen Eingliederung in den Konzern. Die Art der tatsächlichen Beherrschung ist für die Frage der einheitlichen Leitung unerheblich (vgl. Fitting BetrVG § 54 Rn. 20).

98. Was ist ein Beherrschungsvertrag?

Ein Beherrschungsvertrag ist ein Unternehmensvertrag, durch den ein Unternehmen die Leitung ihrer Gesellschaft einem anderen Unternehmen unterstellt (§ 291 Abs. 1 Fall 1 AktG). In einem solchen Fall kann nach § 308 Abs. 1 S. 1 AktG das herrschende Unternehmen dem Vorstand des beherrschten Unternehmens Leitungsanweisungen erteilen (vgl. Fitting BetrVG § 54 Rn. 21).

99. Was ist ein Konzern im Konzern?

Ein Konzern im Konzern besteht immer dann, wenn in einem Tochterunternehmen eine eigene Konzernstruktur in den von ihr beherrschten Unternehmen besteht und das Tochterunternehmen auch im Verhältnis zur Konzernmutter eigenständige Entscheidungen für ihre Unternehmen treffen kann (vgl. Fitting BetrVG § 54 Rn. 32).

100. Ist ein inländischer Konzernsitz notwendig?

Nach Rechtsprechung des BAG kann ein KBR grds. nur dann errichtet werden, wenn die Konzernobergesellschaft ihren Sitz im Inland hat. Liegt dieser dagegen im Ausland, muss für die Annahme eines Konzerns in Deutschland zumindest eines der Unternehmen die Aufgaben einer Teilkonzernspitze ausüben, also wesentliche Leitungsaufgaben in personellen, sozialen und wirtschaftlichen Angelegenheiten gegenüber den übrigen Unternehmen selbständig übernehmen (so Fitting BetrVG § 54 Rn. 34a).

101. Welche Voraussetzungen müssen für die Errichtung eines KBR vorliegen?

Die Errichtung des KBR ist nicht zwingend vorgeschrieben. Der KBR ist errichtet, wenn die GBRe, in denen mindestens 50% der Arbeitnehmer des Konzerns beschäftigt sind, dies beschließen. Für die Beschlussfassung gilt § 51 Abs. 4 BetrVG, es reicht die einfache Mehrheit nach § 51 Abs. 2 BetrVG. Der Beschluss eines GBR kann ausreichen, wenn dieser GBR mehr als 50% der Arbeitnehmer des Konzerns repräsentiert.

Praxistipp

Vor der Errichtung eines KBR sollten alle Vorsitzende, Stellvertreter sowie die Mitglieder der GBAe aller GBRe im Rahmen einer Konferenz zusammenkommen und das gemeinsame weitere Vorgehen besprechen. Diese Konferenz richtet im Idealfall die GBR am Hauptsitz aus. Die Teilnahme an einer solchen Konferenz ist erforderliche GBR-Tätigkeit. Die Kosten für die Konferenz selbst hat das einladende Unternehmen über den GBR zu tragen, die Kosten der Reisen der teilnehmenden GBRe die jeweiligen Unternehmen.

→ *Muster 7: Beschlüsse zur Gründung eines KBR*

102. Wie wird die notwendige Beschäftigtenzahl festgelegt?

Bei der Ermittlung der maßgeblichen Beschäftigten sind alle Arbeitnehmer der Konzernunternehmen ohne die leitenden Angestellten zum Zeitpunkt der Beschlussfassung zu berücksichtigen.

103. Können auch Betriebsräte unmittelbare Mitglieder im KBR werden?

Besteht in einem Konzernunternehmen nur ein Betriebsrat, so nimmt dieser die Aufgaben eines GBR nach den Vorschriften dieses Abschnitts wahr (so § 54 Abs. 2 BetrVG).

104. Wie wird der KBR errichtet?

Durch die Wahl des KBR-Vorsitzenden und seines Stellvertreters ist der KBR errichtet. Für diese Wahl ist zur konstituierenden Sitzung einzuladen. Steht fest, dass aufgrund der erfolgten zustimmenden Beschlüsse ein KBR zu errichten ist, hat der GBR des herrschenden Unternehmens, sonst der GBR des nach Zahl der wahlberechtigten Arbeitnehmer größten Konzernunternehmens, zu der Wahl des Vorsitzenden und seines Stellvertreters einzuladen (so § 59 Abs. 2 BetrVG). Ist dann ein KBR errichtet, besteht die Verpflichtung der GBRe, je zwei Mitglieder zu entsenden und für diese die entsprechenden Ersatzmitglieder zu bestimmen.

105. Hat der KBR eine Amtszeit?

Nein, der KBR ist ebenso wie der GBR eine Dauereinrichtung. Er endet allerdings, wenn die Voraussetzungen für seine Errichtung dauerhaft entfallen, zB wenn das Konzernverhältnis endet (BAG 23.8.2006 – 7 ABR 51/05). Auch die GBRe können mit übereinstimmenden Beschlüssen den KBR wieder auflösen (vgl. Fitting BetrVG § 54 Rn. 51, 52). Der KBR selbst kann sich nicht durch Beschluss auflösen.

106. Wie setzt sich der Konzernbetriebsrat zusammen?

In den KBR entsendet jeder GBR zwei seiner Mitglieder, dabei sollen die Geschlechter angemessen berücksichtigt sein (so § 55 Abs. 1 BetrVG). Durch TV oder Konzernbetriebsvereinbarung (KBV) kann nach § 55 Abs. 4 BetrVG die Mitgliederzahl des KBR abweichend geregelt werden. Besteht der KBR aus mehr als 40 Mitgliedern und besteht kein entsprechender TV über eine abweichende Zusammensetzung, so kann nach §§ 59 Abs. 1, 47 Abs. 5 BetrVG der KBR mit dem Arbeitgeber des herrschenden Unternehmens eine KBV über eine veränderte Mitgliederzahl des KBR vereinbaren (→ *Frage 8: Gibt es eine Höchstgrenze für die Mitgliederstärke des GBR?*).

107. Welches Stimmengewicht hat ein KBR-Mitglied?

Jedem Mitglied des KBR stehen die Stimmen der Mitglieder des entsendenden GBR je zur Hälfte zu (vgl. § 55 Abs. 3 BetrVG).

108. Welche Zuständigkeit hat der KBR?

Der KBR übt Mitbestimmungstatbestände in originärer Zuständigkeit aus und alle GBRe oder konzernunmittelbare Betriebsräte können an ihn Aufgaben delegieren. Er hat zudem sonstige Aufgaben, vor allem in Bezug auf die Organisation der Unternehmensmitbestimmung, so bei Aufsichtsratswahlen und in Bezug auf den Europäischen Betriebsrat (→ *Frage 112: Gibt es Besonderheiten bei der Geschäftsführung des KBR?*). Besonders wertvoll ist die Möglichkeit, als KBR Betriebsratswahlen in allen betriebsratslosen Betrieben des Konzerns zu initiieren (§ 17 BetrVG).

109. Wann ist der KBR originär zuständig?

Der KBR ist nach § 58 Abs. 1 BetrVG originär zuständig für die Behandlung von Angelegenheiten, die den Konzern oder mehrere Konzernunternehmen betreffen **und** nicht durch die einzelnen GBRe innerhalb ihrer Unternehmen geregelt werden können; seine Zuständigkeit erstreckt sich insoweit auch auf Unternehmen, die keinen GBR gebildet haben, sowie auf Betriebe der Konzernunternehmen ohne Betriebsrat. Er ist den einzelnen GBRen nicht übergeordnet. Nach dem BAG-Urteil vom 19.12.2017 – 1 ABR 32/16 kann der KBR nicht originär zuständig sein, wenn nicht die Konzernobergesellschaft unternehmensübergreifend eine Maßnahme durchführt.

110. Ist die Zuständigkeit vergleichbar mit der des GBR?

Ja, es werden die gleichen Kriterien wie beim GBR für die originäre Zuständigkeit des KBR und für die Zuständigkeit kraft Auftrags angelegt, nur bezogen auf den Konzern statt auf das Unternehmen. Insoweit gelten die Ausführungen zu der Zuständigkeit wie im Abschnitt zum GBR (→ *Frage 59: Wann ist der GBR originär zuständig?*). Darüber hinaus hat der KBR besondere Zuständigkeiten auf Ebene der Konzernmitbestimmung (vgl. ausführliche Auflistung in Fitting BetrVG § 58 Rn. 21 ff.).

111. Kann der KBR einen Wirtschaftsausschuss bilden?

Nein, ein Wirtschaftsausschuss kann nicht auf der Ebene des Konzerns durch den KBR gebildet werden (BAG 23.8.1989 – 7 ABR 39/88).

Praxistipp

Der KBR kann einen entsprechenden Ausschuss auf Konzernebene bilden und ihm die Aufgabe übertragen, wirtschaftliche Angelegenheiten ähnlich dem Wirtschaftsausschuss nach § 106 BetrVG zu behandeln. Dafür fasst der KBR einen Beschluss mit absoluter Mehrheit und verschriftlicht diesen Übertragungsbeschluss nach §§ 59 Abs. 1, 28 Abs. 1, 27 Abs. 2 S. 2 und 3 BetrVG. Ein solcher Ausschuss hätte allerdings nicht die gleichen Rechte wie der Wirtschaftsausschuss, so zur Einschaltung einer Einigungsstelle nach § 109 BetrVG. Der KBR kann mit der Konzernleitung eine freiwillige Vereinbarung über die Arbeitsweise, die Rechte und Pflichten sowie über die Mitglieder dieses Konzern-Ausschusses nach § 88 BetrVG abschließen. Besteht dazu keine Bereitschaft, sollte der KBR regelmäßige Wirtschaftskonferenzen abhalten, zu denen alle Wirtschaftsausschuss-Mitglieder der Unternehmen eingeladen werden.

112. Gibt es Besonderheiten bei der Geschäftsführung des KBR?

Nein, die Regeln des KBR entsprechen denen des GBR, eine umfassende gesetzliche Verweisung auf die GBR-Vorschriften erfolgt durch § 59 Abs. 1 BetrVG.

V. Der Europäische Betriebsrat

Der Europäische Betriebsrat (EBR) schafft für die Arbeitnehmervertretungen in grenzüberschreitenden Konzernen zusätzliche Konsultations- und Informationsrechte. Die im Jahre 1994 geschaffene Europäische Richtlinie 94/45/EG setzte Deutschland mit dem Gesetz über Europäische Betriebsräte (EBRG) in nationales Recht um, ebenso die weiteren 27 EU-Staaten. In allen EU-Ländern gibt es Arbeitnehmervertretungen, allerdings unterscheiden sie sich historisch bedingt stark voneinander. Aus diesem Grunde konnte die EU-Richtlinie bislang lediglich Minimalanforderung an den EBR setzen. Vergleichbar ist er mit einem Europäischen Wirtschaftsausschuss. Der EBR wird allg. auch mit „EWC“ abgekürzt für den englischen Begriff „European Works Council“.

113. Warum wird ein EBR gegründet?

Der EBR dient der Stärkung des Rechts auf **grenzüberschreitende Unterrichtung** und **Anhörung** der Arbeitnehmer in gemeinschaftsweit tätigen Unternehmen nach § 1 Abs. 1 S. 1 EBRG. Der EBR schließt damit die Mitbestimmungslücke bei europaweit tätigen Konzernen. Die Unterrichtung und Anhörung der Arbeitnehmer erstreckt sich daher auf alle in einem Mitgliedstaat liegenden Betriebe bzw. Unternehmen, die ihren Sitz in einem Mitgliedstaat haben.

114. Gibt es eine territoriale Zuständigkeit des EBR?

Ja, nach § 1 Abs. 2 EBRG ist der EBR zuständig in Angelegenheiten, die das gemeinschaftsweit tätige Unternehmen oder die Unternehmensgruppe insgesamt oder mindestens zwei Betriebe bzw. Unternehmen in verschiedenen Mitgliedstaaten betreffen, wobei der Arbeitgeber und der EBR einen größeren Geltungsbereich in den EBR-Vereinbarungen (→ *Frage 122: Muss eine EBR-Vereinbarung abgeschlossen werden?*) vorsehen können (so § 1 Abs. 2 S. 2 EBRG).

115. Was ist mit „Mitgliedstaaten" gemeint?

Nach § 2 Abs. 3 EBRG sind damit die Mitgliedstaaten der Europäischen Union sowie die anderen Vertragsstaaten des Abkommens über den Europäischen Wirtschaftsraum gemeint. Dies sind derzeit (Stand April 2021): die Mitgliedstaaten der Europäischen Union, zusätzlich Norwegen, Island und Liechtenstein.

116. Was ist ein gemeinschaftsweit tätiges Unternehmen?

Ein gemeinschaftsweit tätiges Unternehmen muss mindestens 1.000 Arbeitnehmer in den Mitgliedstaaten beschäftigen, dabei mindestens 150 Arbeitnehmer in mindestens 2 Mitgliedstaaten. Handelt es sich um eine Unternehmensgruppe, ist es zudem erforderlich, dass mindestens zwei Unternehmen, die jeweils mindestens 150 Arbeitnehmer beschäftigen, ihren Sitz in verschiedenen Mitgliedstaaten haben (so § 3 Abs. 1 und 2 EBRG).

117. Hat der Betriebsrat einen entsprechenden Informationsanspruch?

Ja, nach § 5 EBRG muss die sog. zentrale Leitung auf Verlangen alle Informationen erheben und an den Betriebsrat weiterleiten. Die Information erstreckt sich auf die durchschnittliche Gesamtzahl der Arbeitnehmer und ihre Verteilung auf die Mitgliedstaaten, die Unternehmen und Betriebe sowie über die Struktur des Unternehmens oder der Unternehmensgruppe (so § 5 Abs. 1 EBRG).

118. Was ist unter der sog. zentralen Leitung zu verstehen?

Der Begriff der zentralen Leitung ist in § 1 Abs. 6 EBRG definiert und meint entweder das Unternehmen, das gemeinschaftsweit tätig ist, oder bei einer Unternehmensgruppe das diese Gruppe beherrschende Unternehmen.

Praxistipp

Hat der deutsche GBR keine genauen Kenntnisse, wer mit der „zentralen Leitung" im Sinne des EBRG gemeint ist, kann er sich nach § 5 Abs. 2 EBRG mit seinem Auskunftsverlangen oder der Aufforderung, Verhandlung aufzunehmen, auch an die deutsche Unternehmensleitung richten, die ihrerseits verpflichtet ist, dies an die zentrale Leitung weiterzuleiten. In jedem Fall sollte er sich den Zugang seines Schreibens an die jeweilige Leitung schriftlich bestätigen lassen.

119. Wie wird der EBR gegründet?

Die Gründung erfolgt in zwei Schritten. Im ersten Schritt wird das sog. besondere Verhandlungsgremium gebildet, das idealerweise zusammen mit der zentralen Leitungsebene eine schriftliche Vereinbarung über die Errichtung des EBR aushandelt. Im zweiten Schritt wird entweder der sog. Europäische Betriebsrat kraft Vereinbarung nach § 18 EBRG errichtet oder der Europäische Betriebsrat kraft Gesetzes nach §§ 21, 22, 23 EBRG. Für die Errichtung ist jeweils die Wahl des Vorsitzenden und des Stellvertreters in einer konstituierenden Sitzung notwendig. Verweigert die zentrale Leitung die Aufnahme von Verhandlungen oder ziehen sich die Verhandlungen länger hin, wird ein EBR kraft Gesetzes errichtet.

Praxistipp

Verweigert die zentrale Leitung die Aufnahme von Verhandlungen innerhalb von sechs Monaten nach Antragstellung, ist ein EBR gem. den §§ 22 und 23 EBRG zu errichten. Das gleiche gilt, wenn innerhalb von drei Jahren nach Antragstellung keine EBR-Vereinbarung nach §§ 18 oder 19 EBRG zustande kommt oder die zentrale Leitung und das besondere Verhandlungsgremium das vorzeitige Scheitern der Verhandlungen erklären. Der GBR sollte in jedem Falle den Zugang seiner Aufforderung an die Unternehmensleitung schriftlich nachweisen können, um die Halbjahresfrist bzw. den Ablauf der dreijährigen Frist nachweisen zu können.

→ *Muster 8: EBR und besonderes Verhandlungsgremium – Alle Teilschritte zur Gründung des EBR*

120. Wie wird das sog. besondere Verhandlungsgremium gebildet?

Das besondere Verhandlungsgremium konstituiert sich auf einer Sitzung, zu der die zentrale Leitung einlädt. Zuvor haben die GBRe in den einzelnen Ländern entsprechend § 10 EBRG die richtige Anzahl von Mitgliedern bestellt und entsandt. Für die Bestellung ist die einfache Mehrheit nach § 51 Abs. 3 BetrVG ausreichend.

Auf der konstituierenden Sitzung des besonderen Verhandlungsgremiums werden nach § 13 S. 3 EBRG ein Vorsitzender und sein Stellvertreter gewählt.

121. Wie erfolgen die Geschäftsführung und die Beschlussfassung?

Die Kosten für die Tätigkeit des besonderen Verhandlungsgremiums trägt die zentrale Leitung. Diese verständigt sich mit diesem auch über den Zeitpunkt, die Häufigkeit und den Ort der Verhandlungen. Das besondere Verhandlungsgremium kann sich eine Geschäftsordnung nach § 13 Abs. 3 EBRG geben. Beschlüsse werden grds. mit einfacher Mehrheit der Stimmen der anwesenden Mitglieder nach § 13 Abs. 3 EBRG gefasst, die qualifizierte Mehrheit ist nach § 15 Abs. 1 EBRG nur bei der Entscheidung über die EBR-Vereinbarung notwendig. Sachverständige unterstützen auf Wunsch das Gremiums, beraten dieses und nehmen an den Verhandlungen teil (so § 13 Abs. 4 EBRG).

Praxistipp

Die Sitzungsanzahl ist auch für das besondere Verhandlungsgremium insoweit beschränkt, dass neben den Verhandlungen mit der zentralen Leitung nur vor und nach jeder Verhandlung das Recht besteht, eine Sitzung durchzuführen und zu dieser einzuladen. Es bietet sich an, jeweils mehrtägige Sitzungen für die Vor- und Nachbereitung durchzuführen. Zumeist sind die Mitglieder in den Arbeitsvertretungen mit anderen Aufgaben zeitlich sehr belastet, so dass die Organisation und Durchführung solcher Sitzungen und Verhandlungen ohne Sachverständigen schwerfällt. Das besondere Verhandlungsgremium und der EBR sollten unbedingt Sachverständige beauftragen. Das EBRG hat nur die Sitzungsanzahl reglementiert, nicht jedoch die Nutzung von entsprechenden Sachverständigen.

122. Muss eine EBR-Vereinbarung abgeschlossen werden?

Nein, die zentrale Leitung und das besondere Verhandlungsgremium können vereinbaren, wie die grenzüberschreitende Unterrichtung und Anhörung der Arbeitnehmer ausgestaltet wird. Sie sind dabei nicht an die Bestimmungen aus dem EBRG gebunden. Eine besondere gesetzliche Empfehlung für einen Inhalt enthalten §§ 18 Abs. 1, 23 EBRG. Kommt hingegen eine EBR-Vereinbarung nicht zu Stande, so sieht das Gesetz in §§ 21 ff. EBRG verbindliche Regeln für die zukünftige Zusammenarbeit im EBR vor.

→ *Muster 8: EBR und besonderes Verhandlungsgremium – Alle Teilschritte zur Gründung des EBR*

123. Welche grundsätzlichen Aufgaben hat der EBR?

Der gegründete EBR ist nach § 29 Abs. 1 und Abs. 2 EBRG mindestens einmal jährlich, unter rechtzeitiger Vorlage der erforderlichen Unterlagen, oder bei außergewöhnlichen Umständen zu unterrichten und anzuhören. Außergewöhnliche Umstände liegen stets vor bei der Verlegung oder Stilllegung von Unternehmen, Betrieben oder wesentlichen Betriebsteilen und bei Massenentlassungen.

124. Was bedeutet „Unterrichtung" nach § 1 Abs. 3 EBRG?

Mit **Unterrichtung** ist mehr als die Unterrichtung nach dem BetrVG gemeint. Sie umfasst eine frühzeitige, detailliert schriftliche Übermittlung aller Informationen, die eine eigene Bewertung des EBR bezüglich der Auswirkungen der Maßnahmen möglich macht. Die Unterrichtung bezieht sich auf länderübergreifende Angelegenheiten und außergewöhnliche Umstände. Die Unterrichtung geht der Anhörung voraus.

125. Was ist unter „Anhörung" zu verstehen?

Nach § 1 Abs. 5 EBRG ist die **Anhörung** ein Meinungsaustausch und meint ausdrücklich einen echten Dialog zwischen Arbeitnehmervertretern und zentraler Leitung. Der Zeitpunkt und die inhaltliche und formale Ausgestaltung der Anhörung müssen geeignet sein, den gegenseitigen Meinungsaustausch aller Akteure in den einzelnen Unternehmen zu berücksichtigen. Arbeitnehmervertreter und die zentrale Leitung müssen dafür zusammenkommen, die zentrale Leitung muss eine mit Gründen versehene Antwort auf die etwaige Stellungnahme der Arbeitnehmervertreter abgeben (vgl. § 1 Abs. 5 EBRG).

126. Welche Unterrichtungspflicht hat der Arbeitgeber?

Der EBR hat gem. § 29 Abs. 1 und Abs. 2 EBRG Anspruch darauf, dass die zentrale Leitung einmal im Kalenderjahr über die Entwicklung der Geschäftslage und die Perspektiven des Unternehmens bzw. der Unternehmensgruppe unterrichtet und den EBR anhört.

127. Gibt es Sitzungen des EBR?

Ja, der EBR hat das Recht, im Zusammenhang mit der regelmäßigen Unterrichtung durch die zentrale Leitung nach § 29 EBRG oder anlässlich einer Unterrichtung über außergewöhnliche Umstände nach § 30 EBRG eine nicht-öffentliche Sitzung durchzuführen und zu dieser einzuladen. Über Ort und Zeitpunkt der Sitzung müssen sich EBR und die zentrale Leitung abstimmen, ist die zentrale Leitung einverstanden, kann der EBR weitere Sitzung durchführen.

128. Wie fasst der EBR Beschlüsse?

Nach § 28 EBRG werden Beschlüsse des EBR mit der Mehrheit der Stimmen der anwesenden Mitglieder gefasst, soweit nicht im Gesetz etwas anderes bestimmt ist. Nach § 39 Abs. 1 und Abs. 2 EBRG trägt die zentrale Leitung die Kosten für die Bildung und Tätigkeit des EBR, dies sind neben den Kosten für Sachverständige insbesondere Kosten für Dolmetscher und Reisen.

129. Welche Amtszeit haben der EBR und seine Mitglieder?

Nach § 32 Abs. 1 EBRG beträgt die Dauer der Mitgliedschaft im EBR vier Jahre ab Bestellung, soweit sie nicht durch Abberufung oder aus anderen Gründen vorzeitig endet. Alle zwei Jahre, von der konstituierenden Sitzung an gerechnet, prüft die zentrale Leitung, ob sich die Arbeitnehmerzahl in den einzelnen Mitgliedstaaten so geändert hat, dass sich eine andere Zusammensetzung des EBR nach § 22 Abs. 2 EBRG ergibt.

130. Benötigen deutsche GBRe einen EBR?

Ja, nötiger denn je. Das Tempo der gemeinschaftsweiten Umstrukturierung erhöht sich ständig. Die Erfüllung von umfangreichen Unterrichtungs- und Anhörungsrechten dient dem effektiven Schutz von Arbeitnehmerrechten. Diese Rechte sind dank der großzügigen Kosten- und Sachaufwandsentschädigungen in § 39 EBRG auch für deutschen GBRe in der eigenen Unternehmenskrise interessant und sofort nutzbar, allerdings nur wenn der EBR dann schon besteht! Es gibt in Deutschland nur eine beschränkte Anzahl von gemeinschaftsweiten, europäischen Unternehmen, die die gesetzliche Voraussetzung für die Gründung eines EBR überhaupt erfüllen, noch sind nicht alle EBRe in Deutschland gegründet. Wer noch keinen EBR gegründet hat, sollte dies unbedingt und unverzüglich in Angriff nehmen.

Muster

Muster 1: Entsendebeschluss

Tagesordnungspunkt I.: Wahl von zwei Mitgliedern des GBR der XY GmbH und Wahl des 1., 2. und 3. Ersatzmitglieds

a) Wahl des 1. Mitglieds: Frauke Musterfrau
abgegebene Stimmen: …
Ja: …
Nein: …
Enthaltung: …
Damit ist Frauke Musterfrau vom Betriebsrat als zu entsendendes Mitglied in den GBR gewählt.

b) Wahl des 2. Mitglieds: Muhat Mustermann
abgegebene Stimmen: …
……
Damit ist Muhat Mustermann vom Betriebsrat als zu entsendendes Mitglied in den GBR gewählt.

c) 1. Ersatzmitglied für Frauke Musterfrau
……

d) 2. Ersatzmitglied für Muhat Mustermann und für 1. Ersatzmitglied
……

e) 3. Ersatzmitglied für 2. Ersatzmitglied
……

Die Betriebsratsvorsitzende wird beauftragt, die vorgenannte Wahl an den GBR schriftlich mitzuteilen.

Muster 2: Einladung zur konstituierenden Sitzung des GBR

Betriebsratsvorsitzende des Betriebsrats XY GmbH in Musterstadt (Hauptverwaltung)

……

……

An das GBR-Mitglied des Betriebsrats XY GmbH in Sonstwo

……

……

Liebes GBR-Mitglied,

als Betriebsratsvorsitzende des Betriebsrats am Hauptsitz unseres Unternehmens lade ich Sie nach § 51 Abs. 2 BetrVG zur konstituierenden Sitzung des GBR und zur Vornahme der nach § 26 Abs. 1 BetrVG iVm § 51 Abs. 2 BetrVG vorgeschriebenen Wahl (Wahl des/r GBR-Vorsitzenden und dessen/deren Stellvertreter/in) ein. Ich werde die Sitzung leiten, bis aus der Mitte des GBR ein/e Wahlleiter/in gewählt wurde.

Die konstituierende Sitzung findet statt am …… um …… Uhr in der Hauptverwaltung – neuer Gebäudeteil –, Raum …….

Tagesordnung:

1. Begrüßung und Feststellung der Beschlussfähigkeit
2. Wahl eines/r Wahlleiters/in
3. Wahl des/r Gesamtbetriebsratsvorsitzenden
4. Wahl des/r Stellvertreters/in
5. Terminabstimmung

Ich selbst bin auch von meinem Betriebsrat als Mitglied des GBR entsandt.

Sollten Sie an der Teilnahme der konstituierenden Sitzung des GBR verhindert sein, bitte ich um eine unverzügliche Mitteilung, damit ich das Ersatzmitglied einladen kann. Sofern Ihre Verhinderung kurzfristig eintritt, bitte ich um Weiterleitung dieser Einladung an das Ersatzmitglied und ebenfalls entsprechende Rückmeldung an mich.

Herzliche Grüße

Betriebsratsvorsitzende der Hauptverwaltung

Muster 3: Übertragungsbeschluss von Aufgaben auf einen Ausschuss

Tagesordnungspunkt II.: Übertragung der Wahrnehmung der Informations- und Erörterungsrechte des GBR aus der „GBV MS Office 365" vom ...... auf den IKT-Ausschuss

Die GBR Vorsitzende stellt zur Beschlussfassung:

„Der GBR hat in der „GBV MS Office 365" vom ...... mit der Arbeitgeberseite vereinbart, dass gegenüber dem GBR regelmäßige Informationen nach § 3 und § 5 der GBV erfolgen sowie mit dem GBR einvernehmlich die Notwendigkeit erörtert wird, ob bzgl. neuer Updates, Upgrades oder weiterer Tools gesonderte GBVs nach § 4 der GBV notwendig werden. Die Rechte des GBR aus dieser GBV werden dem IKT-Ausschuss bis auf Weiteres zur selbständigen Ausübung übertragen."

Der Übertragungsbeschluss bedarf der qualifizierten Mehrheit der Stimmen des GBR, mithin mindestens die Abgabe von 2.508 Stimmen.

Feststellung der Beschlussfähigkeit: 6 von 8 GBR-Mitgliedern sind anwesend, sie repräsentieren 4.810 (von 5.016) Stimmen.

Abgegebene Stimmen: 4.810 Stimmen

Ja: 4.810 Stimmen

Nein: 0

Enthaltung: 0

Damit ist der Beschluss angenommen. Die GBR-Vorsitzende wird beauftragt, der Arbeitgeberin die Aufgabenübertragung auf den IKT-Ausschuss unter Vorlage des obigen Beschlusses schriftlich mitzuteilen.

Muster 4: Zuständigkeit GBR – Auflistung von Beispielen für die originäre Zuständigkeit

Bei den nachfolgenden Sachverhalten oder Mitbestimmungstatbeständen kann der GBR originär nach § 50 Abs. 1 BetrVG zuständig sein:

- beim Abschluss einer GBV über die Bildung eines unternehmenseinheitlichen Betriebsrats oder die Zusammenfassung mehrerer Betriebe iSv § 3 Abs. 2 BetrVG und nach § 47 Abs. 4–6 BetrVG (BAG 24.4.2013 – 7 ABR 71/11),
- bei der Regelung einer einheitlichen Dienstkleidung im Unternehmen nach § 87 Abs. 1 Nr. 1 BetrVG (BAG 17.1.2012 – 1 ABR 45/10 und BAG 18.7.2017 – 1 ABR 59/15),
- bei Regelungen über Beginn und Ende der Arbeitszeit nach § 87 Abs. 1 Nr. 2 BetrVG bei produktionstechnisch eng miteinander verbundenen Betrieben,
- bei der Einführung von Kurzarbeit nach § 87 Abs. 1 Nr. 3 BetrVG, wenn mehrere Betriebe produktionstechnisch auf engster Art und Weise miteinander verbunden sind,
- bei der Aufstellung des Urlaubsplans/von Urlaubsgrundsätzen nach § 87 Abs. 1 Nr. 5 BetrVG, wenn die Betriebe des Unternehmens eng miteinander verflochten sind und allgemeine Betriebsferien vereinbart werden sollen,
- bei der Einführung und Anwendung technischer Kontrolleinrichtung nach § 87 Abs. 1 Nr. 6 BetrVG
- Mitbestimmung bei Sozialeinrichtungen, deren Wirkungsbereich sich auf das Unternehmen erstreckt, nach § 87 Abs. 1 Nr. 8 BetrVG,
- bei der Aufstellung von Entlohnungsgrundsätzen und neuen Entlohnungsmethoden nach § 87 Abs. 1 Nr. 10 BetrVG,
- Ausgestaltung eines Systems erfolgsabhängiger Vergütungen für alle Vertriebsbeauftragten des Unternehmens nach § 87 Abs. 1 Nr. 11 BetrVG,
- bei der Gewährung freiwilliger Leistungen wie Prämien, Jahresleistungen, Weihnachtsgratifikationen nach §§ 87 Abs. 1 Nr. 11, 94 BetrVG,
- bei der betrieblichen Altersvorsorge nach § 87 Abs. 1 Nr. 8 BetrVG, wobei der Arbeitgeber durch seine Entscheidung für eine betriebs- oder unternehmensweite Regelung die originäre Zuständigkeit vorgibt (BAG 11.12.2001 – 1 AZR 193/01),
- für die Nutzung von Werkswohnungen nach § 87 Abs. 1 Nr. 9 BetrVG,
- für die Einführung neuer Technologien nach §§ 90 ff. BetrVG,
- Personalplanung auf Unternehmensebene nach §§ 92 ff. BetrVG,
- für Personalfragebögen, Formulararbeitsverträge und Beurteilungsgrundsätze nach § 94 BetrVG,
- bei der Aufstellung von Auswahlrichtlinien gem. § 95 BetrVG,
- bei der Berufsbildung nach §§ 96 ff. BetrVG,
- für die Bestimmung der Mitglieder des Wirtschaftsausschusses nach § 107 Abs. 2 S. 2 BetrVG und die Anrufung der Einigungsstelle nach § 109 BetrVG,
- für den Beschluss über die anderweitige Wahrnehmung der Aufgaben des Wirtschaftsausschusses nach §§ 108 Abs. 6, 109 S. 4 BetrVG,
- für die Verhandlungen und den Abschluss über einen Interessenausgleich nach §§ 111 ff. BetrVG,
- für die Verhandlungen und den Abschluss über einen Sozialplan nach §§ 111 ff. BetrVG.

Muster 5: Beschluss für die Beauftragung des GBR unter Vorbehalt der letztendlichen Entscheidung

Betriebsrat der XY GmbH in Sonstwo

……

……

An den GBR der XY GmbH

……

……

Liebe Vorsitzende des GBR,

die Geschäftsleitung unseres Betriebs hat mit beigefügtem Schreiben uns zu Verhandlungen zu dem Thema „Mankogeld" aufgefordert und möchte mit uns eine entsprechende Betriebsvereinbarung abschließen. Wir stehen diesem Thema in der von der Arbeitgeberin angedachten Richtung skeptisch gegenüber und sind zudem der Ansicht, dass unsere Entscheidung eine Strahlwirkung für andere Betriebe haben könnte.

Unser Betriebsrat hat mit der Mehrheit der Stimmen seiner Mitglieder in der Sitzung vom …… den Beschluss gefasst, den GBR mit den Verhandlungen zu dem vorgenannten Thema nach § 50 Abs. 2 S. 2 BetrVG zu beauftragen. Unser Auftrag bezieht sich ausdrücklich nur auf das Führen von Verhandlungen. Wir behalten uns die endgültige Entscheidungsbefugnis nach § 50 Abs. 2 S. 2 BetrVG vor.

Wir gehen davon aus, dass unser GBR-Mitglied …… an den Verhandlungen mit der Arbeitgeberseite beteiligt wird. Für Rückfragen stehen wir Euch sehr gerne zur Verfügung.

Herzlichen Dank für Euer Engagement,

Betriebsratsvorsitzende

Anlage:

Aufforderungsschreiben Arbeitgeber,

Gesprächsprotokoll vom Monatsgespräch zum Thema Mankogeld,

Beschluss vom …… zur Beauftragung des GBR

Muster 6: Beschluss für die vorbehaltlose Beauftragung des GBR

Betriebsrat der XY GmbH in Sonstwo

……

……

An den GBR der XY GmbH

……

……

Liebe Vorsitzende des GBR,

die Geschäftsleitung unseres Betriebs hat mit beigefügtem Schreiben uns zu Verhandlungen zu dem Thema „Videoüberwachung Lager" aufgefordert und möchte mit uns schnellstmöglich eine entsprechende Betriebsvereinbarung abschließen, um in unserem Getränkelager Videokameras aufstellen und den Warenein- und -ausgang überwachen zu können. Wir stehen diesem Thema sehr skeptisch gegenüber und sind zudem über unsere rechtlichen Möglichkeiten in dieser Sache unsicher.

Unser Betriebsrat hat mit der Mehrheit der Stimmen seiner Mitglieder in der Sitzung vom …… den Beschluss gefasst, den GBR mit den Verhandlungen zu dem vorgenannten Thema nach § 50 Abs. 2 BetrVG vorbehaltlos zu beauftragen.

Die Beauftragung des GBR umfasst die Übernahme sämtlicher Mitbestimmungsrechte unseres Gremiums im Rahmen dieses Themenkomplexes, also insbesondere die Verhandlung und den Abschluss einer Betriebsvereinbarung, das Erklären des Scheiterns der Verhandlung, die Besetzung der Einigungsstelle sowie die Betreibung eines gerichtlichen Einigungsstelleneinsetzungsverfahrens in allen gerichtlichen Instanzen sowie die Beauftragung von Rechtsvertretungen und Sachverständigen sowie die gerichtliche Überprüfung eines eventuellen Einigungsstellenspruchs.

Wir gehen davon aus, dass unser GBR-Mitglied …… an den Verhandlungen mit der Arbeitgeberseite durch den GBR beteiligt wird. Für Rückfragen stehen wir Euch sehr gerne zur Verfügung.

Herzlichen Dank für Euer Engagement,

Betriebsratsvorsitzende

Anlage:

Aufforderungsschreiben Arbeitgeber,

Gesprächsprotokoll vom Monatsgespräch zum Thema Videoüberwachung nebst technischen Infos und Skizzen,

Beschluss vom …… zur Beauftragung des GBR

Muster 7: Beschlüsse zur Gründung eines KBR

Jeder GBR kann die Initiative zur KBR-Gründung ergreifen, dafür muss er folgende Beschlüsse fassen:

Tagesordnungspunkt I.: Errichtung eines KBR

1. Beschluss:
   „Die Unternehmen xy GmbH, xx GmbH und yy GmbH bilden als beherrschte Unternehmen gemeinsam mit der Holding xxyy GmbH mit Sitz in Musterstadt/Deutschland als herrschendes Unternehmen einen Konzern iSv § 54 Abs 1 S. 1 BetrVG iVm § 18 AktG. Nach vorliegenden Informationen hat die Holding xxyy GmbH auf die Unternehmen xy GmbH, xx GmbH und yy GmbH aufgrund von Beherrschungsverträgen und den gesellschaftsrechtlichen Mehrheitsanteilen einen herrschenden Einfluss auf die Leitung aller drei Unternehmen."
   abgegebene Stimmen: …
   Ja: …
   Nein: …
   Enthaltung: …
   Damit steht fest, dass ein Konzern iSv § 18 AktG besteht.
2. Beschluss:
   Der GBR beschließt, einen KBR nach § 54 Abs. 1 BetrVG zu errichten. Der Konzern verfügt über insgesamt 6.050 Arbeitnehmer, wobei auf unseren GBR 5.010 Arbeitnehmer entfallen. Damit liegt das Zustimmungsquorum von mehr als 50 von Hundert nach § 54 Abs. 1 S. 2 BetrVG vor.
   Abgegebene Stimmen: …
   ……
   Damit hat der GBR beschlossen, einen KBR zu errichten.
3. Beschlüsse zur Entsendung von GBR-Mitgliedern in den KBR und Ersatzmitglieder[1]
   ……
   Damit sind die zwei Mitglieder in den KBR zu entsenden und es stehen deren Ersatzmitglieder fest.

Die GBR-Vorsitzende wird beauftragt, die obigen Beschlüsse an den GBR der XX GmbH, der yy GmbH und der Holding xxyy GmbH zu versenden, verbunden mit der Bitte, ebenso zu votieren. Zusätzlich wird die GBR-Vorsitzende den GBR der Holding bitten, zur konstituierenden Sitzung einzuladen. Erfolgt dies innerhalb der gesetzten Frist nicht, wird die GBR-Vorsitzende selbst die konstituierende Sitzung einberufen, da unser GBR das arbeitnehmergrößte Unternehmen im Konzern ist.

Anmerkungen

1 → *Muster 1: Entsendebeschluss*

Muster 8: EBR und besonderes Verhandlungsgremium – Alle Teilschritte zur Gründung des EBR

Die Errichtung des EBR vollzieht sich in nachfolgenden Teilschritten:

- Der GBR muss drei Beschlüsse fassen: 1. dass die Voraussetzungen für die Gründung des EBR vorliegen, dass 2. er einen EBR gründet und 3. er das sog. besondere Verhandlungsgremium nach § 9 EBRG bilden wird.
- Der GBR nimmt Kontakt zu einer anderen Arbeitnehmervertretung des Unternehmens im europäischen Ausland auf und bittet diese, seinen Antrag zu unterstützen.
- Dieser gemeinsame Antrag wird schriftlich an die zentrale Leitung versandt.
- Die zentrale Leitung informiert alle Arbeitnehmervertretungen, die Unternehmensleitungen sowie die zuständigen Gewerkschaften über den Antrag zur Bildung des besonderen Verhandlungsgremiums.
- Die Mitglieder des EBR werden vom GBR nach § 23 Abs. 1 und 2 EBRG bestellt.
- Sind die Mitglieder bestellt, wird der zentralen Leitung nach § 24 EBRG Name, Anschrift und Betriebszugehörigkeit der bestellten Mitglieder mitgeteilt.
- Die zentrale Leitung unterrichtet nun die Arbeitnehmervertretungen und die zuständigen Gewerkschaften und lädt unverzüglich nach Benennung der Mitglieder zur konstituierenden Sitzung des besonderen Verhandlungsgremiums ein.
- In dieser Sitzung werden der Vorsitzende und dessen Stellvertreter gewählt.
- Das besondere Verhandlungsgremium und die zentrale Leitung verhandeln gemeinsam die sog. EBR-Vereinbarung.
  Kommen sie zu einem Abschluss, wird der EBR errichtet, die Arbeitnehmervertretungen der einzelnen Unternehmen in Europa entsenden ihre Mitglieder
  oder
  kommt es nicht zum Abschluss einer EBR-Vereinbarung, wird der EBR nach den Vorschriften von §§ 22, 23, 24 EBRG errichtet.
- Der EBR nimmt seine Arbeit auf.

Muster 9: Geschäftsordnung eines Gesamtbetriebsrats

Geschäftsordnung des Gesamtbetriebsrats

Der Gesamtbetriebsrat hat in seiner Sitzung am ...... die nachfolgende Geschäftsordnung gem. § 36 BetrVG beschlossen. Bei der Formulierung dieser Geschäftsordnung wird aus sprachlicher Vereinfachung für unterschiedliche Begriffe die männliche Anredeform verwendet, selbstverständlich sind alle Personen jedes Geschlechts aus dieser Geschäftsordnung berechtigt und verpflichtet.

§ 1 Zweck

Diese Geschäftsordnung (GO) dient der gesetzlich zulässigen Ausgestaltung und notwendigen Ergänzungen der gesetzlichen Bestimmungen des Betriebsverfassungsgesetzes (BetrVG); ist in dieser GO keine anderslautende Bestimmung getroffen, gelten die gesetzlichen Regelungen des BetrVG.

§ 2 Geltungsdauer

Diese Geschäftsordnung tritt am ...... in Kraft.

Sie kann jederzeit mit den Stimmen der Mehrheit der Mitglieder des Gesamtbetriebsrats (absolute Mehrheit) aufgehoben oder abgeändert werden. Auch ohne Aufhebung oder Abänderung kann der Gesamtbetriebsrat in Einzelfällen durch Beschluss von ihr abweichen, vorausgesetzt, dass dieser Beschluss die Mehrheit der Stimmen der Gesamtbetriebsratsmitglieder (absolute Mehrheit) erhält.

§ 3 Vertretung des Gesamtbetriebsrats

Gem. § 26 Abs. 2 BetrVG vertritt der Gesamtbetriebsratsvorsitzende den Gesamtbetriebsrat im Rahmen der gefassten Beschlüsse und hinsichtlich der Entgegennahme von Erklärungen, die dem Gesamtbetriebsrat gegenüber abzugeben sind. Darüber hinaus ist er auch befugt, Erklärungen anderer Art sowie Mitteilungen und Beschwerden für den Gesamtbetriebsrat entgegenzunehmen.

Der Gesamtbetriebsratsvorsitzende ist unter Einbeziehung mindestens eines weiteren Gesamtbetriebsratsmitglieds berechtigt, im Hinblick auf die vom Gesamtbetriebsrat kraft Gesetztes zu erledigenden Aufgaben vorbereitende Gespräche mit dem Arbeitgeber zu führen. Über das Ergebnis dieser Gespräche ist der Gesamtbetriebsrat unverzüglich zu unterrichten.

Im Falle der Verhinderung des Gesamtbetriebsratsvorsitzenden übernimmt der Stellvertreter die Aufgaben des Vorsitzenden.

Sind Vorsitzender und Stellvertreter verhindert, so sind die nachfolgenden Gesamtbetriebsratsmitglieder in der nachfolgend angebenden Reihenfolge der Wahlniederschrift als Vertreter bestimmt; diese Reihenfolge ist:

......

......

......

§ 4 Gesamtbetriebsausschuss

Gem. § 27 BetrVG ist ein aus ...... Mitgliedern bestehender Gesamtbetriebsausschuss (GBA) zu bilden. Der GBA führt die laufenden Geschäfte des Gesamtbetriebsrats.

Zu der laufenden Geschäftsführung gehört insbesondere die Vorbereitung der beabsichtigten Beschlüsse sowie von Gesamtbetriebsratssitzungen, Einholung von Auskünften, Beschaffung von Unterlagen, Besprechungen mit Vertretern der im Betrieb vertretenden Gewerkschaften, Vorbesprechung mit dem Arbeitgeber, Erstellen von Entwürfen von Gesamtbetriebsvereinbarungen, ggf. Durchführung von Beschlüssen des BR, Entgegennahme von Anträgen der Arbeitnehmer, Voruntersuchungen über die Berechtigung von Beschwerden oder Anregungen von Arbeitnehmern, Vorbereitung der Betriebsräteversammlungen, anfallender Schriftwechsel, Organisation der Beschaffung von sachlichen Mitteln sowie Informations- und Kommunikationstechnik. Ferner die Korrespondenz mit den jeweiligen Betriebsräten, die nach § 50 Abs. 2 BetrVG den Gesamtbetriebsrat beauftragt haben.

Dabei soll die Ausführung von zeitintensiven Aufgaben des GBA weitestgehend durch die freigestellten Mitglieder des Gesamtbetriebsrats erfolgen.

Über den Rahmen der laufenden Geschäftsführung hinaus überträgt der Gesamtbetriebsrat dem GBA folgende Aufgaben zur selbständigen Erledigung nach § 27 Abs. 2 S. 2 BetrVG:

- Erklärungen über die Notwendigkeit einer gesonderten Gesamtbetriebsvereinbarung nach § 5 der „Rahmen-Gesamtbetriebsvereinbarung IT"
- Vertretung des Gesamtbetriebsrats nebst Beauftragung von Rechtsanwält/innen bei von der Arbeitgeberin eingeleiteten Streitigkeiten vor den jeweils zuständigen Arbeitsgerichten, nebst der Einlegung von allen sich daran anschließenden Rechtsmitteln weiterer Instanzen
- ……

Die dem GBA übertragenen Aufgaben kann der Gesamtbetriebsrat jederzeit an sich ziehen. Dabei ist jedoch zu beachten, dass die Entziehung der dem GBA zur selbständigen Erledigung übertragenen Aufgaben der Schriftform und der Zustimmung der qualifizierten Mehrheit der Gesamtbetriebsratsmitglieder bedarf.

Der Abschluss von Betriebsvereinbarungen obliegt dem Gesamtbetriebsrat.

Der GBA fasst seine Beschlüsse mit der Mehrheit der anwesenden Mitglieder nach Köpfen.

§ 5 Der Wirtschaftsausschuss nach §§ 106 ff. BetrVG

1. Der Wirtschaftsausschuss besteht aus 7 Mitgliedern des Gesamtbetriebsrats. Stehen keine geeigneten Gesamtbetriebsratsmitglieder zur Verfügung, können auch Betriebsratsmitglieder der Betriebe des Unternehmens benannt werden. In diesem Falle werden alle Betriebsräte per E-Mail entsprechend informiert und um geeignete Vorschläge innerhalb einer Frist von 2 Wochen ab E-Mail-Eingang gebeten. Der Gesamtbetriebsrat entscheidet über die Mitgliedschaft im Wirtschaftsausschuss eigenständig.
2. Die Mitglieder sollen den unterschiedlichen Betrieben entstammen. Die Mitglieder des Wirtschaftsausschusses sind verpflichtet, sich kontinuierlich fortzubilden. Sie sollen insbesondere einmal jährlich ein Inhouse-Seminar zu wirtschaftlichen/kollektivrechtlichen Themen absolvieren.
3. Der Wirtschaftsschuss wählt eine/n Sprecher/in, diese/r koordiniert die Wirtschaftsausschuss-Sitzungen und die Berichte an den Gesamtbetriebsrat. Der Wirtschaftsausschuss fasst seine Beschlüsse mit der Mehrheit der anwesenden Mitglieder nach Köpfen.
4. Die Amtszeit der Mitglieder des Wirtschaftsausschusses endet in dem Zeitpunkt, in dem die Amtszeit der Mehrheit der Mitglieder des Gesamtbetriebsrats, die an der Bestimmung mitzuwirken berechtigt waren, abgelaufen ist.
5. Der Wirtschaftsausschuss tagt einmal im Monat mit der Arbeitgeberin, im Falle eines außerplanmäßigen Informationsbedürfnisses auch außerordentlich.
6. Im Anschluss jeder Sitzung hat der Wirtschaftsausschuss den Gesamtbetriebsrat unverzüglich über den Inhalt der Sitzung zu unterrichten. Die Unterrichtungspflicht erstreckt sich auf alle gegebenen Informationen. Der Wirtschaftsausschuss hat dabei besonders darauf zu achten, die Informationen vollständig und verständlich weiterzuleiten, die in Bezug auf die zwingende Mitbestimmung des Gesamtbetriebsrats und aller lokalen Betriebsräte von Bedeutung sein könnte. Ziel der Information ist es, dass die Mitwirkungs- und Mitbestimmungsrechte der Gremien wahrgenommen werden können.
7. Der Wirtschaftsausschuss vereinbart spätestens im Oktober des Jahres mit der Arbeitgeberin einen Jahresterminplan für das kommende Jahr, er terminiert darin auch die regulären Vorbereitungssitzungen.
8. Der Wirtschaftsausschuss bereitet sich auf die Sitzungen vor und schreibt die Arbeitgeberin bezüglich vorliegender Informationsanfragen des Gesamtbetriebsrats oder einzelner Betriebsräte zeitnah an. In diesem Falle fasst der Wirt-

schaftsausschuss mit der Mehrheit der anwesenden Mitglieder einen entsprechenden Auskunftsbeschluss und bezeichnet möglichst genau die benötigten Informationen und vorzulegenden Unterlagen.

9. Der Wirtschaftsausschuss ist verpflichtet, auf die rechtzeitige (zum Zeitpunkt der Vorbereitungssitzung) Vorlage von schriftlichen Unterlagen und Berichten bei der Arbeitgeberin zu bestehen.
10. Der Wirtschaftsausschuss hat den Gesamtbetriebsrat im Falle einer nur unzureichenden oder verspäteten Auskunft der Arbeitgeberin unverzüglich zu unterrichten und dabei den Gesamtbetriebsrat um die Vermittlung nach § 109 BetrVG zu ersuchen.

§ 6 Zeitpunkt der Gesamtbetriebsratssitzung

In der Regel findet jeden zweiten Montag im Monat ab 10:00 Uhr im Besprechungsraum des Hauptbetriebes eine Gesamtbetriebsratssitzung statt; soweit eine Vielzahl von Tagesordnungspunkten zu besprechen ist, wird die Gesamtbetriebsratssitzung an dem/n nächsten Tage/n fortgesetzt. Soweit die Voraussetzungen nach § 10a dieser GO vorliegen, können diese Sitzungen über MS Teams-Video- und/oder Telefonsitzungen erfolgen.

Wer teilnahmeberechtigt ist, ergibt sich aus § 7 der Geschäftsordnung. Die vorläufige Tagesordnung wird rechtzeitig vor der nächsten Gesamtbetriebsratssitzung den Teilnahmeberechtigten textlich mitgeteilt, indem der Vorsitzende die Tagesordnung auf das sog. ......-Laufwerk als PDF-Datei ablegt.

Jedes Gesamtbetriebsratsmitglied kann einen Antrag auf Abänderung der Tagesordnung stellen, über den der Gesamtbetriebsrat zu beschließen hat. Im Übrigen gelten die gesetzlichen Regelungen (§§ 29 Abs. 3 und 67 BetrVG).

In dringenden Fällen kann der Gesamtbetriebsratsvorsitzende, im Falle seiner Verhinderung sein Stellvertreter und im Falle seiner Verhinderung jedes GBA-Mitglied bei Bedarf eine außerordentliche Gesamtbetriebsratssitzung einberufen. Die Einladung hat rechtzeitig unter Bekanntgabe der Tagesordnung zu erfolgen. Die Einladung bedarf nicht der Textform.

§ 7 Teilnahmeberechtigung

Außer Gesamtbetriebsratsmitgliedern bzw. geladenen Ersatzmitgliedern sind folgende Personen bzw. Gremien teilnahmeberechtigt:

- der Beauftragte der Gesamtjugend- und Auszubildendenvertretung (§§ 73, 67 Abs. 1 BetrVG)
- die Gesamtschwerbehindertenvertretung (§ 32 BetrVG, § 180 SGB IX)

Zu den Sitzungen bzw. Tagesordnungspunkten, die besonders jugendliche Arbeitnehmer betreffen, hat die Gesamtjugend- und Auszubildendenvertretung ein Teilnahmerecht (§§ 73, 67 Abs. 1 BetrVG).

Der Arbeitgeber und der Vertreter der Arbeitgebervereinigung haben nur im Rahmen der §§ 51 Abs. 2, 29 Abs. 4 BetrVG ein Teilnahmerecht; die Gewerkschaft hat dann ein Teilnahmerecht, wenn die Voraussetzung des §§ 51 Abs. 1, 31 BetrVG gegeben sind.

Der Gesamtbetriebsrat kann darüber hinaus, Arbeitnehmer des Unternehmens und – soweit dies zur ordnungsgemäßen Erfüllung seiner Aufgaben erforderlich ist – auch Sachverständige und Rechtsvertretungen zu der Gesamtbetriebsratssitzung hinzuziehen.

Sind Gesamtbetriebsratsmitglieder oder geladene Ersatzmitglieder an der Teilnahme an einer Gesamtbetriebsratssitzung (auch zeitweise) verhindert, so sind sie verpflichtet, dem Vorsitzenden unverzüglich hiervon Mitteilung zu machen und für Ersatz aus ihrem Betrieb zu sorgen. Hat das verhinderte Gesamtbetriebsratsmitglied bereits die Einladung und Unterlagen für die kommende Sitzung erhalten, soll es diese Schriftstücke an das Ersatzmitglied weitergeben.

Der Vorsitzende hat im Falle einer Verhinderung das zuständige Ersatzmitglied einzuladen.

§ 8 Verlauf der Gesamtbetriebsratssitzung

Der Gesamtbetriebsratsvorsitzende eröffnet und leitet die Gesamtbetriebsratssitzung.

Werden Anträge auf Abänderung oder Ergänzung der Tagesordnung gestellt, so ist darüber zu beschließen.

Zu jedem Tagesordnungspunkt hat der Gesamtbetriebsratsvorsitzende zunächst eine kurze Erläuterung zu geben. Danach eröffnet er die Diskussion, indem er um Wortmeldung bittet. Er erteilt das Wort in der Reihenfolge der Wortmeldungen. Wird nicht zur Sache oder unsachlich gesprochen, kann er das Wort entziehen. Liegen keine weiteren Wortmeldungen vor, hat er die Diskussion zu schließen. Jeder Sitzungsteilnehmer kann einen Antrag auf Beendigung der Diskussion stellen. In diesem Falle ist durch Beschluss zu entscheiden. Nach Beendigung der Diskussion hat der Gesamtbetriebsratsvorsitzende die Beschlussfassung über den betreffenden Tagesordnungspunkt einzuleiten. Der Gesamtbetriebsratsvorsitzende soll darauf achten, dass im Verlauf der Sitzung nach jeweils ca. 1,5 Stunden ein Pause von 10 Minuten eingelegt und in der Zeit von in der Regel 12:30 Uhr bis 13:00 Uhr eine Mittagspause eingehalten wird.

§ 9 Beschlussfähigkeit

Bevor der Gesamtbetriebsrat einen Beschluss fasst, hat der Gesamtbetriebsratsvorsitzende die Beschlussfähigkeit festzustellen. Es genügt nicht, dass zu Beginn der Sitzung die Beschlussfähigkeit geprüft wird. Vielmehr muss unmittelbar vor jeder Beschlussfassung die Beschlussfähigkeit festgestellt werden. Der Gesamtbetriebsrat ist beschlussfähig, wenn mindestens die Hälfte der Gesamtbetriebsratsmitglieder bzw. im Falle der Verhinderung die entsprechenden Ersatzmitglieder an der Beschlussfassung teilnehmen und die Teilnehmenden mindestens die Hälfte aller Stimmen vertreten (§§ 51 Abs. 3, 33 Abs. 2 BetrVG). Nimmt die Jugendvertretung an der Sitzung teil, so ist das für die Beschlussfähigkeit ohne Bedeutung.

§ 10 Beschlussfassung

Beschlüsse werden – soweit das Gesetz nichts anderes bestimmt – mit der Stimmen der anwesenden Mitglieder (*einfache Mehrheit*) gefasst (§ 33 Abs. 1 BetrVG), Mitglieder, die nach § 10a dieser GO mittels Video- und Telefonkonferenz an der Beschlussfassung teilnehmen, gelten als anwesend. Bei Stimmengleichheit ist der Antrag abgelehnt.

Nach § 67 Abs. 2 BetrVG haben alle Anwesenden der Gesamtjugend- und Auszubildendenvertretung dann ein Stimmrecht, wenn es sich um einen Beschluss handelt, der überwiegend jugendliche Arbeitnehmer betrifft.

Beschlüsse können über die Themen gefasst werden, die in der Tagesordnung als Tagesordnungspunkte enthalten sind. Stehen mehrere alternative Anträge zur Abstimmung, wird über jeden Antrag einzeln abgestimmt.

Die Stimmabgabe bei der Beschlussfassung erfolgt grundsätzlich durch Handzeichen. Eine geheime Abstimmung ist aufgrund der unterschiedlichen Stimmengewichtung ausgeschlossen.

In Anwesenheit des Arbeitgebers darf nicht abgestimmt werden.

In eigener Sache darf ein Gesamtbetriebsratsmitglied nicht abstimmen, es sei denn, es handelt sich um die Konstituierung des Gesamtbetriebsrats oder eines Ausschusses im Sinne von §§ 51, 27 bzw. 28 BetrVG. An seiner Stelle nimmt das zuständige Ersatzmitglied sowohl an der Beratung als auch an der Abstimmung teil; jedoch muss das Gesamtbetriebsratsmitglied in eigener Sache gehört werden.

§ 10a Video- und Telefonkonferenz

a. Voraussetzungen für die Einberufung einer Gesamtbetriebsratssitzung in Form einer Telefon- oder Videokonferenz

Über die Durchführung der Sitzung in Form einer MS Teams-Video- oder Telefonkonferenz entscheidet der Vorsitzende nach pflichtgemäßem Ermessen.

1. Bei der Ermessensentscheidung nach Abs. 1 ist die grundsätzliche Verpflichtung zur Einladung zu einer Präsenzsitzung zu berücksichtigen. Für die Durchführung einer Sitzung mit Beschlussfassung im Rahmen einer Videokonferenz bedarf

es daher immer eines sachlichen Grundes (zB öffentlich-rechtliche Kontaktbeschränkungen, (teilweise) Schließung des Betriebs, dienstlich bedingte Abwesenheit).

2. Alle teilnahmeberechtigten Personen der Sitzungen des Gesamtbetriebsrats müssen technisch die Möglichkeit zur Teilnahme an der Sitzung unter Einhaltung der geltenden datenschutzrechtlichen Bestimmungen haben. Der Arbeitgeber hat allen teilnahmeberechtigten Personen des Unternehmens die erforderlichen Arbeitsmittel (zB Laptop) zur Verfügung zu stellen.
3. Gesamtbetriebsratsmitglieder und sonstige teilnahmeberechtigte Personen, denen nach eigener Einschätzung die Teilnahme an einer Präsenssitzung und/oder die Anreise nicht zumutbar sind, können einer Präsenzsitzung des Gesamtbetriebsrats im Rahmen einer Videokonferenz zugeschaltet werden. Der Betroffene soll dem Vorsitzenden nach Möglichkeit mindestens drei Arbeitstage vor der geplanten Sitzung anzeigen, dass eine Teilnahme unzumutbar ist.

b. Einladung zu einer Telefon- oder Videokonferenz

1. Die Ladung zur Telefon- oder Videokonferenz erfolgt über Outlook bzw. per E-Mail. In der Einladung soll der Vorsitzende den Grund benennen, der den Anlass zu dieser Form der Durchführung bildet.
2. Die Gesamtschwerbehindertenvertretung sowie die Gesamtjugend- und Auszubildendenvertretung sind entsprechend ihres Rechts auf Teilnahme an der Gesamtbetriebsratssitzung in gleicher Weise zu laden.

c. Durchführung der Sitzung in Form einer Telefon- oder Videokonferenz

1. Die Sitzung ist nicht öffentlich (§ 30 S. 4 BetrVG).
2. Der Vorsitzende weist nach Eröffnung der Sitzung und vor Eintritt in die Tagesordnung darauf hin, dass alle an der Video- bzw. Telefonkonferenz teilnehmenden Personen sich erforderlichenfalls in einen gesonderten Raum begeben müssen, um sicherzustellen, dass unbefugte Personen (zB Familienangehörige) der Sitzung nicht beiwohnen. Ebenso erfolgt der Hinweis, dass die Anfertigung von Ton- und Filmaufnahmen unzulässig ist und strafrechtlich verfolgt werden kann.
3. Zur Feststellung der Anwesenheit ruft der Vorsitzende sodann jeden Teilnehmer mündlich auf. Der Vorsitzende kann verlangen, dass Mitglieder, die mittels einer Video- oder Telefonkonferenz an einer Sitzung teilnehmen, die Gewährleistung der Vertraulichkeit nachweisen oder glaubhaft machen, beispielsweise mittels eines Kameraschwenks durch die genutzten Räumlichkeiten oder die Versicherung des Mitgliedes, dass die Vertraulichkeit der Sitzung gewährleistet ist. Dabei ist insbesondere im Hinblick auf die betroffenen Persönlichkeitsrechte der ggf. in ihrer Wohnung oder ihrem Haus teilnehmenden Mitglieder das Gebot der Verhältnismäßigkeit zu wahren.
4. Der Vorsitzende bittet jeden Teilnehmer um eine Teilnahmebestätigung in Textform (bspw. per E-Mail oder durch Bestätigung im Chatprogramm der genutzten technischen Anwendung). Mit dieser Teilnahmebestätigung bestätigen die Teilnehmer auch, dass sich bei der Durchführung der Sitzung keine unberechtigten Dritten im Raum aufhalten. Die Bestätigung ist der Sitzungsniederschrift beizufügen.
5. Sollten nicht teilnahmeberechtigte Personen den (Übertragungs-)Raum betreten, ist der Vorsitzende hierüber unmittelbar zu informieren. Der Vorsitzende hat die Sitzung unverzüglich zu unterbrechen.

d. Beschlussfassung des Gesamtbetriebsrats im Rahmen einer Videokonferenz, Sitzungsniederschrift

1. Es erfolgen keine Beschlussfassungen im Rahmen einer Telefonkonferenz. Telefonkonferenzen werden im Bedarfsfall nur zur Information und Beratung durchgeführt.
2. Der Vorsitzende stellt die Beschlussfähigkeit vor jedem Beschluss erneut fest und vermerkt die Beschlussfähigkeit in der Sitzungsniederschrift. Sodann ruft der Vorsitzende zur Beschlussfassung unter Nennung des zur Abstimmung gestellten Gegenstandes ausdrücklich auf. Der Beschlusstext wird laut vorgelesen. Zur Abstimmung ruft der Vorsitzende schließlich jedes Mitglied namentlich auf und fragt nach seinem Votum. Dies hat sich der Vorsitzende im Sinne von Zustimmung bzw. Ablehnung oder Enthaltung zu notieren. Nachdem alle Mitglieder ihr Votum abgegeben haben, nennt der Vorsitzende laut das Ergebnis der Abstimmung und notiert es in der Sitzungsniederschrift.

§ 11 Niederschrift und Anwesenheitsliste

1. Über jede Gesamtbetriebsratssitzung ist eine Niederschrift anzufertigen und eine Anwesenheitsliste sowie ggf. die Teilnahmebestätigung/en nach § 10a dieser GO zu führen.
2. Die Niederschrift wird in der Regel von dem Schriftführer des Gesamtbetriebsrats erstellt, der auch darüber wacht, dass sich die Teilnahmeberechtigten in der Anwesenheitsliste eintragen sowie ggf. die nach § 10a dieser GO Teilnahmebestätigungen eingehen und die Anwesenheitsliste ggf. zzgl. der Teilnamebestätigungen der Sitzungsniederschrift beigefügt wird.
3. Die Niederschrift muss mindestens den Wortlaut der gefassten Beschlüsse sowie deren Stimmenverhältnis angeben. Die Niederschrift ist vom Gesamtbetriebsratsvorsitzenden, im Falle seiner Verhinderung von seinem Stellvertreter, sowie einem weiteren Gesamtbetriebsratsmitglied zu unterschreiben.
4. Die Niederschrift wird dem Gesamtjugendvertreter und dem Vertrauensmann der Schwerbehinderten als Kopie ausgehändigt, sofern diese an der Sitzung teilgenommen haben. Waren die Jugendvertreter oder der Arbeitgeber nicht während der ganzen Sitzung, sondern nur bei einzelnen Tagesordnungspunkten anwesend, so beschränkt sich deren Abschrift auf diese Tagesordnungspunkte.
5. Die Niederschriften werden auf dem ......-Laufwerk hinterlegt.

§ 12 Betriebsräteversammlung

1. Die Einberufung einer Betriebsräteversammlung hat aufgrund eines Beschlusses des Gesamtbetriebsrats durch den Gesamtbetriebsratsvorsitzenden zu erfolgen. Er hat den Tätigkeitsbericht abzugeben. Den Inhalt des Tätigkeitsberichts hat er zuvor mit den Gesamtbetriebsratsmitgliedern abzustimmen.
2. Die Mitglieder der Betriebsräteversammlung sind unter Mitteilung der Tagesordnung durch Bekanntmachung zur Betriebsräteversammlung einzuladen. Die Tagesordnung wird durch Beschluss des Gesamtbetriebsrats festgesetzt.
3. Der Gesamtbetriebsratsvorsitzende leitet die Betriebsräteversammlung. Ihm steht während der Versammlung das Hausrecht zu.
4. Im Übrigen wird auch auf § 53 BetrVG verwiesen.

§ 13 Bekanntmachung

Mitteilungen des Gesamtbetriebsrats, die sich an die Arbeitnehmer oder Betriebe des Unternehmens richten, können im unternehmensweiten Intranet veröffentlicht bzw. per E-Mail bekanntgegeben werden. Alle elektronischen Veröffentlichungen und Weitergaben sollen grundsätzlich in PDF-Format erfolgen. Für den Inhalt ist nach dem Presserecht der Gesamtbetriebsratsvorsitzende verantwortlich.

§ 14 Aufbewahrung von Unterlagen

Der Gesamtbetriebsratsvorsitzende hat dafür zu sorgen, dass alle Unterlagen ordnungsgemäß aufbewahrt werden. Das gilt auch für die Unterlagen des vorhergehenden Gesamtbetriebsrats. Die Aufbewahrungspflicht richtet sich nach den gesetzlichen Vorschriften.

Muster 10: Empfohlener Inhalt des ersten Schreibens des Betriebsrats an den Gesamtbetriebsrat

Betriebsrat der XY GmbH in Sonstwo

......

......

An den Gesamtbetriebsrat der XY GmbH

......

......

Liebe Vorsitzende des GBR,

wir hatten am ...... unsere konstituierende Sitzung, in der der Betriebsrat die notwendigen Personalentscheidungen und Entsendungen wie folgt gewählt hat:

Betriebsratsvorsitzende: ...... (betriebliche E-Mail-Adresse, betriebliche Telefonnummer)

Betriebsratsvorsitzende: ...... (betriebliche E-Mail-Adresse, betriebliche Telefonnummer)

Betriebsratsvorsitzender: ...... (betriebliche E-Mail-Adresse, betriebliche Telefonnummer)

Betriebsausschuss:

Entsendete BR-Mitglieder für den GBR: ...... (betriebliche E-Mail-Adresse, betriebliche Telefonnummer) und ...... (betriebliche E-Mail-Adresse , betriebliche Telefonnummer)

Ersatzmitglieder: 1. Ersatzmitglied ...... (betriebliche E-Mail-Adresse, betriebliche Telefonnummer), 2. Ersatzmitglied ...... (betriebliche E-Mail-Adresse, betriebliche Telefonnummer)

Entsendete BR-Mitglieder für den KBR: ...... und ......

Ersatzmitglieder: 1. Ersatzmitglied ......, 2. Ersatzmitglied ......

Für die Berufung in den Wirtschaftsausschuss interessiert sich unser in den Gesamtbetriebsrat entsandtes Mitglied ...... , für die Berufung in den KBR .... Wir verwenden in unserem Betrieb für digitale Sitzungen das Tool ......, unsere in den GBR entsandten Mitglieder verfügen alle über mobile Laptops, Kopfhörer mit Mikrophon und Smartphones.

Wir haben feste Termine für die Sitzungen des Betriebsrats und für den Betriebsausschuss: Jeden geraden Montag im Monat findet eine Betriebsratssitzung statt, jeden ungeraden Montag im Monat eine Betriebsausschusssitzung. Wir möchten Euch ganz herzlich bitten, die Sitzungen des Gesamtbetriebsrats nicht an einem Montag stattfinden zu lassen. Sollte unsere Termingestaltung nicht zum Terminkalender des Gesamtbetriebsrats passen, sagt uns bitte schnellstmöglich Bescheid.

Wir haben in den Wahlakten nachgeschaut, die Amtszeit unseres Betriebsrats endet am 10.5.2026, in der Wählerliste zu unserer Betriebsratswahl waren ...... Arbeitnehmer eingetragen.

Sollten die von uns entsandten Mitglieder des Gesamtbetriebsrats an einer für den Gesamtbetriebsrat erforderlichen Schulung teilnehmen müssen, bitten wir um ca. 2 Wochen Vorlauf sowie Mitteilung über die Gründe und den Inhalt und genaueren Details der Schulung, damit wir die Beschlüsse entsprechend fassen können.

Ich persönlich bin am besten über eine kurze E-Mail oder telefonisch (ausschließlich zu den Bürozeiten) erreichbar.

Wir freuen uns auf die Zusammenarbeit!

____